COSMIC
GARDEN
Forerunner

The Portal to Cosmic Consciousness

地球人生

了解我們是誰，
怎麼會來到地球，
可能面對怎樣的未來

（Life on Earth: Understanding who we are,
how we got here and what may lie ahead）

作者：麥克·杜利（Mike Dooley）

譯者：駱香潔　張志華

園丁的話

←——————————→

　　這是本重視邏輯和直覺的實用靈性書。

　　對多數人來說，閱讀這本書可能需要些腦力和思辨能力，就當是個挑戰吧。作者的一些說法或許顛覆了某些已被多數人接受和認定的信念，但都是更能賦予你力量的說法。這就是出版這本書的主要目的：賦予你更多力量，也提醒隨力量而來的責任。

　　作者對人生曾有很多疑問，他已透過他的高我得到答案。這些問題雖不曾困擾我（會困擾我的往往是看到的負面人性——人性的卑劣、貪婪和愚昧。諷刺的是，看到最多呈現負面人性的就是在所謂的身心靈圈。而令我感動的，發揚正面人性和高尚情操的人，卻往往沒有身心靈背景，甚或不感興趣。）但我相信作者的提問和答案值得讀者思考，並能提供對大家的地球人生很有幫助的作法。

　　地球現在這混濁的局面，每個人都有責任，但從政者和凡自認是從事身心靈工作的人，要承擔、要負的責任更大。

　　坦白說，宗教界和身心靈圈有不少人把愛，把高次元、外星掛在嘴邊，但他們要的其實是你的錢、你的崇拜和你的力量。大家真的要好好檢視。他們的行為一點也不靈性（請注意，我是說

「行為」，人的「行為」，無關靈魂。）就如那些愛把正義，把改變成真當口號的傲慢和投機政客，他們說一套做一套，言行不一的行為完全禁不起檢驗，卻仍有不少人只在意聽到什麼，而不去看做了什麼，情願活在被欺騙的假象裡。

　　人們太容易被表象和話語操弄（或該說愚弄更貼切），實在令我不解。人們的嚴重雙重標準和只想聽自己想聽的，眼中只看到自己想看到的那種「片面理解和斷章取義的強大能力」也常令我匪夷所思。於是，我漸漸了解，人，真的很難改變，所謂江山易改，本性難移。這也是為什麼人類歷史總不斷重蹈覆轍的原因。（其實要跳脫業力，離開地球並不難，想換到宇宙另一處玩玩？那就將心比心。）

　　還好，每在無奈灰心時，我總會記得地球很美，人生很美好，一切都是過程和體驗。開心最重要。所以我仍會說我想說的，說我該說的，並尊重每個人的自由意志和選擇。而這本書也在我需要時，再次提醒了我，人生很簡單，無論如何，要活得開心。做會讓自己快樂的事。

　　榮耀靈魂，榮耀彼此。

　　和大家共勉。

地球人生

《目錄》 Contents

每個人都有時間尋找真相。

結果絕對驚人：你將支配一切。

←—————————————→

地獄裡真的有魔鬼嗎？
真的有地獄嗎？

我一定要問，
地球上有外星人嗎？

別人都不快樂，我有什麼資格快樂？

如何不放棄夢想而又活在「當下」？

前言
introduction

真的有人知道自己要什麼嗎？

似曾相識的感覺，
是因為前世就認識對方嗎？

我如何才能快樂？
更快樂？最快樂？

世界上有 4000 多個宗教，
怎麼知道哪個說的是真的？

如果真的有神，為什麼會發生那麼悲慘的事？

死亡真的就是結束嗎？

我們如何知道和發現我們的人生目的？

為什麼好人常常遭遇不幸？

我從小到大都是個問題寶寶，幾乎無所不問：外星人、飛碟、喜瑪拉雅山的雪人、鬼魂、金字塔、時空旅行、神、催眠、念力。但我最常思考的問題是：**我們到底為什麼來到這世界？然後每個人都會死去？永遠消失？既然如此，何必出生？活著有何意義？只是為了接受考驗、審判跟懲罰嗎？**

　　我的問題……都得到了回答。而且這些回答充滿智慧。我以前常被這些答案嚇到。一開始，我不知道這些問題是如何回答出來的，也不知道是何時回答，或是誰回答的。這個現象持續了好幾年，我才想到這也是可以問的問題啊。當然，這個問題也得到了回答，過程稍後再詳述。

　　至今，我的「知曉」通常會以無形的、無預兆的方式，在我首次提問後的幾週或幾個月後出現。如有必要，我也會在提問的當天就得到答案。

　　有些人能夠看到鬼魂，有些人會靈魂出竅，而我的能力是……得到答案。老實說，這種「天賦」聽起來或許不像跟貝多芬見面，或是像《天地一沙鷗》（*Jonathan Livingston Seagull*）裡的主角海鷗強納森飛越時空那麼厲害，但是在我這個年紀，我已經把最深刻和尖銳的問題都問得差不多了。因此我可以告訴各位，我的天賦酷得不得了。就算拿跟貝多芬見面或時空旅行來交換，我也不願意。

　　譬如，當我問：「活著到底要幹嘛？」

　　我得到的答案是：

  地球人生

你是永恆的、靈性的存在。你屬於的族群剛進入靈性演化的衰退期，此時你選擇來到地球。你們每個人選擇成為現在的自己，選擇你們現在的夢想和面臨的挑戰，目的是為了學習，為了喜悅。在此也回答幾個你想明白的疑惑：愛是已確立的事實，它不是選項；實現最瘋狂夢想的關鍵就在於你的思想；無論事情的表象如何，你必然會得到永恆的救贖。

看吧？你也應該試試。有些人說這叫做「自動書寫」，但是在我身上沒有那麼「自動」。我幾乎不怎麼把這些答案寫下來，除非是寫在手札裡。如果是這個情況，我通常會在信手寫下問題之後，凝視空白的頁面許久，等待答案。當答案終於出現時，**我的老天**，原本的疑惑突然變得清晰。有時候，答案真的很棒，會讓我忍不住哈哈大笑。

當你意識到提問所召喚來的真相，以及你選擇這一世人生的原因，你將會進入嶄新的、目前無法想像的高度平靜、滿足和喜悅。你終將找到自己的力量，並且接受伴隨力量而來的責任；但你會如何以及何時達成，會是在這次人世還是未來，才是讓每一次人生都是最偉大探險的關鍵。同樣地，這一次你和你的文明能否成功，取決於你們有多少人選擇敞開心胸，接受你們的靈性本質。

與此同時，你的每一天都是向恢宏推進，邁向成功；你是在一個有意識的星球上，帶著內在原本就具備的豐饒、健康、快樂，以及顯化心之所欲的能力。

有很長的一段時間，我寧可認為是我的手札在回答，這樣我就無須為這些答案負責。其實，這些答案都來自我的高我。但這個想法對我來說太過新時代。有些人可能會把它稱為「靈魂書寫」，這對我來說又太富宗教意味。顯然，就如我剛才提過，而接下來在書中你們也會一再讀到的，我們另一部分的自己選擇了來到這裡，這個自己早在我們出生之前就已存在，而在我們死後亦將繼續存在。

這個自己跟我們很像，連性格也很相似。但我們不只選擇來到這裡，也選擇遺忘我們來到這裡之前的身份和所在之處，目的是為了更加完整地體驗我們所選擇的人生！事實上，我認為這非常合理。這意味著除了我所認識的這個麥克・杜利之外，還有一個我不知道的麥克・杜利的前身，他也是我，但是他對萬事萬物的記憶遠勝於我。正因如此，這個我被稱為「高我」，或許也可以把這部分的我喻為我的靈魂。

現在，我已不再認為答案的來源很重要。這感覺很像是有一台宇宙提款機不斷吐出免費的靈性鈔票。只要沒人受到傷害、誤導或欺騙，只要這些「錢」都是用在對的地方，只要它永遠不令人失望，誰會在意「它」從何而來？對吧？

地球人生

那麼，什麼是真相？

整體而言，我從這個過程中學到最酷的一件事（也許你乍看之下並不覺得那麼酷），那就是萬事萬物都有同一個良善的真相，地球人生也不例外。那是一個可知的、絕對的、客觀的真相，而且找到這個真相能使你發揮最大的影響力，在生命中創造重要的改變。

如果你對塑造自己的未來有興趣，那麼知道跟自己的處境與生命如何運作有關的真相，肯定是最重要的一件事。與你有關的真相能夠自發地療癒和修復，安定和啟發，並且幫助你擁有更多歡笑、更少擔憂。不過，就像改變一樣，尋找真相完全是操之在你的選擇。

我曾經在生命中的每一個領域尋找真相（正在看這本書的你，必定也這麼做過），在尋找的過程中，我發現了自己是誰、我為什麼存在，以及我真的有能力去做、去擁有、去成為的一切。這些洞見、認知的訣竅以及對生命的掌握帶給我許多許多，它們也一定能帶給你同樣的收穫。

令我放心並感到踏實的是，我得到的每一個答案都有幾個共同的特質。它們都非常合乎邏輯與直覺，光是我的早年經歷就能證明它們的真實性。你們一定覺得我過於陶醉而不夠客觀，所以讓我說得具體些。我得到的答案都通過了我稱之為「美好／力量／全體適用」的檢測。它們全都：

一、提及生命之美，

二、提及恢宏的力量，並且

三、適合每一個人，情況不拘。

很簡單，對吧？邏輯、直覺、美好、力量與全體適用，你能想出比這些更理直氣壯的特質嗎？別鬧了。此外，地球人生怎麼會難懂呢？你難道不希望自己的問題都有明確的答案，而且這些答案每個人都能得到也能明白，能夠幫助大家順心度日、熱愛生命嗎？這些答案為什麼不會是顯而易見的？我不是明知故問，你們可以自己找出答案。

當然，你並不需要我或任何人來告訴你有關地球人生的真相。你自己就能了解。所以你也能學會麥可・布伯雷（Michael Bublé）的歌喉，J.K.羅琳（J. K. Rowling）說故事的能力，費德勒（Roger Federer）的網球技巧，或是像歐普拉（Oprah Winfrey）一樣打造一個事業王國，對吧？

這並不是說我了解真相就跟費德勒掌握網球一樣容易。**跟贏得國際網球錦標賽相比，明白生命的真相實在容易太多啦！**我的人生和喜悅引領我走上一條能照亮黑暗的道路。

考慮其他可能

你一定會同意，任何一個跟你一樣認真探索生命的人都**必須**

地球人生

（1）自己回答跟地球人生有關的問題，（2）接受別人的答案，或是（3）放棄找答案。有其他選項嗎？沒有。這正是我的意思。所以，我想把工具給你，為你取得先機，找到能賦予你力量的答案。這些既客觀又純粹的答案就是寫在這本手札裡的結論。發現它們的人不只是我，也包括無數前輩，他們之中有許多人至今仍在傳授關於人生、夢想與快樂的真相。

當人們提出跟人生有關的難題，然後運用直覺與邏輯，或許還有前面提過的檢測方法，自己回答了這些問題，而他們的頓悟與發現，聽起來會跟那些已經發現真相的人非常類似，事實上，可以說是相同。但這不是因為他們剽竊了別人的答案，而是因為，如我在前面所提，時間與空間裡的萬事萬物都有同一個真相：一個可知的、絕對的、客觀的真相。

我想告訴心存懷疑的人，不知道真相並不影響它的真實與存在。穴居人不明白重力，但這不表示他們無法觀察到重力的效應，或利用重力把巨石推下山丘，並進而發明輪子。

時間與空間裡的萬事萬物都有同一個真相：
一個可知的、絕對的、客觀的真相。

世上絕大部分的發現，都比能夠證明它們的科學證據更早出

現，對吧？事實上，正是透過觀察日常生活和物體（不論是原子或星系）隨時間在空間裡的變化關係，加上直覺與邏輯的運用，科學才得以形成與發展，不是嗎？科學難道不是先研究作用，再找出原因？早在任何人為「真相」取名之前，真相就已存在。地球人生的每一個面向都是如此。

關於無所不知

請容我說明一下我先前所說的「得到答案」：我的問題通常都跟我自己的生活與快樂有關。我並非無所不知，我也不認為人類的大腦應該無所不知。人類的大腦是設計來處理與生活直接相關的事。而大多數的事，不論虛無飄渺或實際，此生或來世，要理解或推斷並不是那麼容易，譬如，為什麼物質顯然比反物質更多？重力真正的原理是什麼（目前仍無答案！[1]）？十二世紀的你可能是什麼人？為什麼有人要做瘋狂的事？然而，這些事卻大都跟我們當下的快樂沒什麼關聯。為此，我在這裡提供的明確答案都是必然存在、可被找到，而且能夠輕鬆運用在你的生活裡。

---

1 愛因斯坦的推論是，重力來自時空彎曲。

 地球人生

猜測實相的本質會不會有危險？

你在說笑嗎？思索、衡量、細想、推斷，進而知道我們所能知道的事，很可能是人類至高無上的責任了。此外，「生命很美，你充滿力量，全體適用」的信念不會培養出崇拜魔鬼或集體自殺的邪教。邪教無法通過「美好／力量／全體適用」的檢測！能禁得起檢測的真相依然是每個生命的最大公約數。從這本手札的內容看來，探索真相或許是最能帶來安全、安心以及從此快樂生活的方法了。

我的目標並不是要證明其他人是錯的，也不是要成立一個新宗教，但我必須承認，我擔心讀者會這麼想。於是我也問了，以下就是我得到的答案：

> 沒有什麼瑜伽姿勢是「錯的」，因為任何失去平衡的姿勢若不是讓你跌倒，就是讓你進行自我修正。同理，通往真相的道路也沒有錯誤的路。每條「回家」的路若不是帶你直達，就是帶你走上另一條回到家的路（或許蜿蜒崎嶇）。
>
> 平心而論，所有的文化、宗教與信仰都試著了解生命，也都希望自己的信徒過得好。但是，前面提過的那個不可改變的真相，以及自私／圖謀私利與／或困惑的宗教領袖加諸於許多宗教之上的控制手段，導致人們為

了快速追求最初的崇高目標，常常做出錯誤假設和結論，也因此使得他們需要某些「自我修正」才能走上其它較為直接的回家「道路」。

時至今日，世界上的宗教人氣在大幅下滑，證明多數人對於在先入為主、存有成見的限制裡追求心靈真相已經感到厭煩。宗教仰賴的信念，是真相存在於自身之外。這樣的信念似乎不再是無須證明的想法，尤其是在各種科學突破出現之後。

你已準備好往內探索了，不論一開始會多痛苦。你不用去害怕那些不贊同的人。你已準備好接受完整的真相，這個真相沒有模糊地帶、陳腔濫調，也不僅是正向思考、創意觀想與「吸引力法則」的零星片段。你不但準備好要了解自己的力量，也準備好要明白自己的責任。

隨著世界各地持續進行這類對話，所有四處流傳、自我感覺良好的「怪力亂神」也會在檯面上討論，大家將會看見真相絕非那些荒誕不合理的說法。只要抱持開放的心胸，真相就能激勵、勸哄，並引導你客觀地看到並理解實相的本質。一旦理解，有了這簡單卻必要的知識，你就會知道如何比以往更從容地生活、有意識地創造，並且，更豐沛的去愛。

當你真正「明白」來到你面前的不僅是某個觀點或選項，而是客觀的、良善的、絕對的真相，而且這些真相

 地球人生

可以為你的過去、現在和未來提供正確的解釋，請做好心理準備，因為你會訝異於自己的生命如火箭般起飛。

我們的前提很簡單：

你是創造者，對你來說，沒有任何事是不可能的。你透過專注於你的思想、話語和行動來創造；形上學的原理和這個智慧的宇宙將因此與你協力合作。思想、話語與行動的專注，就是你創造的方式。

這個真相無論是否有名字，是否被相信、被嘲笑，或是像菸葉般被捲起來吸進肺裡，它都真切的存在。不分宗教、人生道路、文化或傳統。無論你的父母秉持怎樣的信念，它都存在。雖然每個生命都是主觀經驗，但生命的舞台必須維持穩固與客觀，包括支持舞台的泉湧之愛。這些真相一直都在等你發現。只要你想知道，只要你要求。雖然在超越時間與空間之外，或甚至在時間與空間之內，有著許多你想像不到和無法理解的界域，但你能發現的真相，永遠足以令你活出喜悅人生。

話語。力量。

這本書集結了我提出的問題與得到的答案，目的是幫助你開心地活出你超讚的人生。這些問題與答案讓我能夠活得深刻，活得從容自在，擁有豐沛的創造力，擁有很多朋友，愛和被愛，並旅遊各地；我的人生遠遠超乎我最瘋狂的夢想。

我希望這本書能使你安心並除去你心中的疑慮，讓你知道生命真的很美好。我希望你能因為這本書的激勵與愛，獲得絕對的真相來鼓舞並支持你的存在。我希望這本書能重新點燃和啟發你對生命探險之旅的熱情。

　　這本書的目的不是為了催生更多教條。書裡沒有必須遵守或打破的規則，也沒有隱藏的弦外之音。只有一些與地球人生有關的、非常非常美好的訊息。

你的探險同伴

麥克‧杜利

 地球人生

第一章

歡迎進入時間與空間的叢林

少了對神與地獄的恐懼，人類不會陷入混亂嗎？

我還是可以祈禱嗎？

我們怎麼知道該從哪裡開始追尋「絕對的」真相？誰有這種時間？

阿們！

先知是怎樣的人？真的有天使嗎？

真的？！所以，上帝跟教會說的不一樣？沒有教會說的那樣的上帝？沒有地獄？沒有魔鬼？沒有最後的審判？沒有懲罰？那業呢？

有來世嗎？輪迴是真的嗎？

那些秘密社團呢？他們在隱瞞什麼？

也許有些事不要知道比較好？無知是一種幸福，對吧？

誰有空想這種事？世上有四千多個宗教耶，要怎麼知道「真相」是什麼？！人們必須謀生、養家活口。我又要從哪裡開始去知道真相？

每個人都有時間尋找真相。結果絕對驚人：你將支配一切。

至於從哪裡開始？只要提出問題，**預期並等待答案**，真相自會出現。

其實沒有你想得那麼難。你給自己製造出困境，是因為你尋找答案的地方既沒有答案也沒有你：你在歷史裡尋找答案。你以為能在處女（譯註：指聖母馬利亞）、先知、上帝或諸神的故事裡，為自己的生命與時代找到意義。

這些故事真的重要嗎？當然有人教導你這些故事很重要，因為別人教導他們這些故事重要，而這可以一路追溯到最初說這些故事的人，他們運用類比、設計隱喻、記錄歷史並建立觀念。過往確實帶有重要的教訓和啟示，但是，孩子們從故事書學到的啟示，會比從親人朋友身上學到的更有價值嗎？這不是說你不該看書，而是不要以為某些開天闢地和宇宙起源的故事能教導你的東西會超越你的心靈與頭腦此時此刻告訴你的事。

你**如何**來到這裡並不重要。而且，人類心智顯然不具備理解這一切的能力。不過，人類心智非常擅長理解你當下人生所發生的事、為什麼，以及如何改變大多數令你不悅的事。

你只有今天。只有當下。你只須關心，也只能真正明白你自

地球人生

己的人生。做到這點，你就能達成你來此要達成的目標。

然而…如果你就是想要個故事，想尋找個脈絡，那麼，請選擇能讓你安心，能幫助你看見生命之美與你恢宏的力量，並且適用於每個人的故事。

比如說？

你看看這個故事怎麼樣：

很久很久以前，在一個夢裡，在這場幻境裡的生命之旅開始之前，你和你最好的朋友們都是勇敢無懼的探險家，事實上，你們是宇宙的主人。但你們感到不滿足、感到焦躁，覺得有點無聊。你們一向想要什麼就有什麼。想怎麼改變，就怎麼改變。想成為什麼，就成為什麼。你們的存在變得非常「一成不變」，你們覺得自己一點也不像探險家。你們都同意，這樣不夠豐富。身為宇宙的主人，你們決定創造一個全新的次元。

忽然間，你們充滿了好奇：誰會是第一個跳出去、第一個遺忘、第一個親吻、第一個說話、第一個墜落、第一個爬起、然後第一個記起這一切都是源於一個大膽無畏的挑戰：無論如何都要去愛。樂趣與遊戲的可能性是如此無窮無盡，以致於在這個次元出現的時候，真的出現了一次響徹永恆的「巨響」（Big Bang）。[2]

2　譯註：Big Bang指大爆炸或大霹靂，一種描述宇宙起源的理論。

這個新次元特別酷，因為它實現了一種過去難以想像的能力，那就是一次只存在於「一個地方」，而不是「無所不在」！當然，實際上的你依然「無所不在」，只是現在你能夠降低這種覺知，讓自己專注在單一的「某處」。

聽起來或許平淡乏味，但這在當時卻是革命性的創意。在那個「日子」，像這樣「切割」彼此是「不可能的」，因為你們全數同為「一體」，無法分割。至今人類依然稱呼你們所形成的整體：「偉大的全知之神」（Great Omniscient Deity），簡稱G.O.D.（神）。雖然你們在這個新次元裡依然同為「一體」，也依然保有神性，但新次元促使你用一種獨特的觀點看待一切。例如，你們每一個人都有自己的秘密模式，來安排專屬於自己的魔法與實驗（包括在新的「這裡」），於是你們把這個次元取名為「創意啟蒙的秘密探險模式」（Secret Pattern Adventure for Creative Enlightenment），簡稱S.P.A.C.E.（空間）。你們不再只是永恆「存在」的宇宙，現在你們可以在宇宙裡穿梭，從一個「某處」前往另一個「某處」。

不久後，你們發現你們的想法都會顯化為實相，亦即成為現實（Manifesting Any Thought That Existed into Reality），於是M.A.T.T.E.R（物質）誕生了。一如預期，你們很快隱藏到此時栩栩如生的形體裡（Hid Under Matter Animated in the Now），扮演H.U.M.A.N.（人類），樂趣由此而生。

最後，因為大家都躲藏得太好，於是你們發明了T.I.M.E（時

地球人生

間）好在物質（有形）的存在裡追蹤彼此（Track one another In Material Existence）。當你們把秘密的約會與日期填入緊湊的行程表裡，生活也變得忙亂起來！你們藏在形體裡，在空間裡消磨大量時間，於是在各式各樣的情緒裡，恐懼誕生，謎團展開，奇蹟湧現。然後，彷彿是預設的劇情一般，在完全出乎意料的情況下，你因為全神貫注投入這場最精采的探險而忘記了自己的真實身分，也忘記了自己真正所在何處。流傳到今日的傳說是，你們全都「迷失在空間裡」……

對了，最近叢林裡盛行的傳聞是，你們在經歷了相同的模式與迴圈長達數萬年之後，又感到無聊了。聽說你們已經開始反思，並且認真思考地球人生、你們如何來到這裡、你們的美好，以及你們的力量。許多人已經快要憶起真相，他們懷疑自己並非為了擴展神的浩瀚而誕生（Born to Expand the Infinite Nature of God），他們漸漸喜歡上做自己（B.E.I.N.G. themselves）的感覺。於是，故事變得愈來愈精采……

聽起來很耳熟嗎？應該是的。歡迎來到時間與空間的叢林！這是好玩的那種叢林，是最棒的叢林。有真實的探險，但是沒有獅子、老虎跟大熊。

＜————＞

你就是「神」的眼睛跟耳朵，在人生的夢裡甦醒過來。

＜————＞

就算你忘了自己是誰，**真正的你並未改變**，你，永遠，無所不在。你只是把焦點集中在自己創造出來的事物上，以致於看不見全貌。你不是因為疏忽或傲慢而「失去恩典」，這只是你實踐探險的精妙計畫裡，意料之內且刺激有趣的轉變過程。

你就是「神」的眼睛跟耳朵，在人生的夢裡甦醒過來。

等等，這故事是真的嗎？

是真是假重要嗎？還記得重點是什麼嗎？這只是一個故事，但故事裡的脈絡對你來說應該再明顯不過才對：這世界很美好，你充滿力量，而且在這夢幻般的實相裡，每一個人都是創造者。**你擁有牽引的力量**。請觀察你的生命，檢視你的過去，評估你的未來，見證你一直以來有多精采、多棒，而且也必定永遠如此。了解在過去是如何創造出這樣的錯綜複雜與精細後，你在未來就能精通創造。

從你願意考慮這個故事看來，你顯然能夠以一種比多數人所抱持的更宏觀的角度一窺實相。迄今為止，他們都**認為自己是被動地接受生命**。不是的。你無數的個人勝利證明了並非如此。生命與適者生存無關。拜託，你早就把生死存亡一腳踢飛到九霄雲外！每一個人都是。你們克服了重重困難，而且是在以為勝算不大的情況下。然而，從你們都活得好好的看來，機率顯然被誤解。真實的情況是，隨著每次的人世，你們每個人都將完勝這些

 地球人生

溫和的叢林，因為你**就是**全知的、無限的、愛玩的宇宙鬥士。

　　什麼？你說這樣是不是對神不敬？忘了**那個**古老的故事吧！感受真相的存在。這樣的體認沒有傷害任何人，而是讚揚每一個人，灌注每個人自信，並且，激發愛。它能徹底改善一切。生命是一場饗宴。任何事都有可能發生。你是永恆的存在。現在是停止理會你以前的創造，開始謹慎塑造新創造的時候了。

　　在時間與空間出現之前，你原擁有一切，但是那樣很無聊。於是你學會**假裝**自己並非擁有一切（雖然依然擁有一切），好讓自己踏上旅途，尋找你以為自己欠缺的東西。從此你開始追逐夢想，在夢想裡一次又一次隨著緣份去愛與被愛，直到把「生命」完整完全地體驗過。**這就是探險之旅！屬於你的「綠野仙蹤」！**你只要「醒過來」，咒語就會解除。雖然這通常要等到死後才會發生，但至少會發生，它確實會發生在每一個人身上，在「失憶症」逐漸消失的界域裡。無論在「這裡」發生了什麼事，每個人回到「恩典」裡的時候（其實你從未真的離開），都會比一開始時更加豐盛。**每個人都是勝利者！每個人都能戰勝癌症！每個人都能中大獎！**

　　你現在能了解，在這個新的脈絡裡，如果你註定會輸，你一定不會選擇「加入」玩這場遊戲嗎？沒有人會的！就算只有0.0000000001的機率會輸，**也絕對不可能**！既然你從過去到現在都「擁有一切」，何必拿一切做賭注？生命的迂迴曲折，是為了製造懸疑與驚險，好讓地球人生「逼真」到你以為失敗的機會真

的存在，而且以為這樣的失敗可能是永遠的。哈！就像夜裡做的夢一樣，你以為夢是真的，所以才會心跳加速。

即使你只是在短暫如一輩子的時間裡相信自己的世界是真實的，是孤注一擲的，也可能會因此感受到恐懼，而且是非常強烈的恐懼。不過，希望、熱情、喜悅、浪漫、興奮、情感和每一種正面情緒，它們出現的可能性更高，因為這些情緒符合你的本質，也符合你身在叢林的真相！你的生命就是最佳證明，不是嗎？已證明了一千次？一萬次？！沒有比這更酷的事了。時間與空間就是夢想成真的地方。只要具備思考與實現想法的勇氣與恆心，就能把想法變成實物。正因如此，你可以從一無所有變成家財萬貫，從孤獨一人變成與朋友共享歡聲笑語，你能夠發現你的力量，並活出健康的人生。在這裡，任何事都有可能發生，恐懼與成功之間的距離只存在你心中：距離愈大，挑戰愈大，而最後的成就感和慶祝也愈大！這就是你和每一個此刻活在地球上的人所**選擇**的。

恐怖！我們也可能會在這裡受傷啊！甚至會死！

是的，生活會傷人。是的，你可能會「死」。更慘的是，你甚至有可能在身體或情緒的痛苦裡掙扎，生不如死。可是由於你的出身：屬於神、源於神、為了神，以及你到目前為止顯然具備克服艱難與危機的韌性，**你可以知道**無論你在這場夢裡碰到什麼

地球人生

情況，你都比它們更強大而且更有力量。

　　你難道不曾像每個人一樣，飽受打擊到懷疑自己能否再次感受到快樂？你難道不曾在黑暗的隧道裡，看不見盡頭的光？或許連個可以尋找光的隧道也沒有？但你依然重新振作了，太陽也再度升起，你不禁懷疑：「我當時怎麼會那麼沮喪？那是真的，還是只是場夢？我是當真的嗎？我的記憶正確嗎？」

　　是吧？

　　是的！**下一次恐懼找上你的時候，記得這個想法。**

　　此時此刻，這就是你的人生。這是一場夢。一場神聖的、珍貴的夢，但它仍是一場夢。在這場夢裡，你把自己的**神奇**藏起來了，目的是強化每一天的戲劇張力與氣氛。

　　這就是為什麼發生在地球的每一世都如此曲折。不是因為上帝在考驗你（這種考驗有何意義？）也不是因為你受到魔鬼的驅策（沒有這種東西），而是因為當你迷失在空間裡，當你不知道自己就是創造者，當你感覺脆弱而且處於危險中，當你覺得自己只是統計裡的一個數據而非一個靈魂，當你感到既害怕又懷抱希望的同時，你很可能真會不小心把事情搞砸……**於是，你終於決定要尋找真相，啟動人生，回到愛、喜悅與學習的較高界域！**其實，只要你有好奇的心，就會發現這種失去連結的情況都是**重新建立連結的邀請**。即使不是徹底對真相覺醒（對改變生命來說，這不容易，但也不是必要條件），就算只是部分清醒，都意味遊戲開始了！行動吧！不要猶豫！

所以教會說的那種上帝並不存在？沒有審判？聽起來很讚，可是，活著要幹嘛？我們到底為什麼來到這地球？

　　你們是為了探險才來到這裡的，這就是重點，就是意義所在！你們暗地裡知道，無論發生了什麼，一切都會安然無事。如果不是因為這個你們連自己都隱瞞的祕密，那就不會有挑戰了；而沒有挑戰，就沒有探險。有趣的是，探險與挑戰都是情緒的產物。更有趣的是，兩者都是渴望加上感知限制的產物。

　　渴望＋感知限制＝情緒＝挑戰＝探險

　　這就是時空叢林得以運作的原因，它也在之前那個簡明的新故事裡，這也是你們每天早上起床的動力。當你們認為自己並不完整時，你們渴望有完整的感受。渴望促使你們去獲取、避免、成長、伸展、進食、睡眠、呼吸等等。然而，渴望之所以能如此，只因為你們相信限制是真的。

　　舉例來說，少了時間、空間與物質的幻相，就沒有所謂的「這裡」和「那裡」，「現在」和「以後」，「有」和「無」。當然，因為你們相信幻相，所以當身在「這裡」，你們就會覺得「那裡」比較好；「沒有」就會想要「擁有」；身在「今天（現在）」，就會期待「明天（以後）」！

　　因為你們「買了」進入時間與空間的「門票」，所以也買了貌似充滿限制的一回人生。但重點來了：你們即使在幻相裡，都可以打破限制：**好好享受吧**！明白了嗎？沒有限制，就無法探

地球人生

險！

如果你「沒有」一棟建造在水面上的房子、浪漫的優質情人或酷炫跑車，你可以先有夢想，然後朝「擁有」前進。如果你身處的「這裡」是佛羅里達州，你可以夢想和前往位在「那裡」的倫敦。如果你是學生，你可以畢業。如果沒有工作，你可以找工作。如果對體重不滿意，你可以改變體重。如果年薪兩萬美元，你可以增加到二十萬美元。如果受傷了，你可以療傷。如果生病了，你可以康復。如果擔憂，你可以冷靜。如果難過，你可以快樂起來。如果很快樂，你可以更快樂。這一切之所以可能，是因為你們相信這個具有限制的**幻相**，它帶來最初的制約。

⟷

有挑戰不表示你有弱點，而是力量；
是沈睡的巨人即將甦醒的證據。

⟷

當你朝各式各樣的目的地前進，旅程也隨之展開。你在這些旅程中愛與被愛，遭遇五花八門、出乎意料的挑戰（也可說是成長的機會）。嘿，如果挑戰很簡單，你一定不會在乎，也就不會有刺激的探險了。何必麻煩來這一遭，對吧？如果你已經擁有一切，你就沒有夢想可以實現。基本上，你的夢想會帶你前往從沒去過的地方，夢想來自某種失望，要不然，你也不會有這些

夢想，對吧？但前往你從沒去過的地方之前，你必須經歷從未經歷過的事，扮演從未扮演過的角色，也因此遇到出乎意料的挑戰。「啊？！我必須在眾人面前演講，才能分享自己的洞見，發揮最大的天賦？」「什麼？！我必須有紀律跟決心，才能寫完一本書？」「真的假的？！我必須用負責任的態度對待身體，才能健康結實、容光煥發？」真討厭！但是，就因為做了這些，你變得比你曾經以為的自己更加豐富。

仔細想想，這很合乎邏輯。所有的夢想都有內建的挑戰，所有的挑戰也都帶有內建的夢想——克服挑戰，然後活得比挑戰出現前更快樂。只要好好觀察，你就能合理推斷出既然這適用於每一個人，那麼很有可能在這個時空就是「應該」如此。也因此，**這就是你選擇地球人生的原因，至少是部分原因。**這也意味著挑戰不表示弱點，而是力量；是沈睡的巨人即將甦醒的證據。

每個地球人生可被觀察到的發展過程

1. 相信自己是有限的存在，住在受限的世界裡，僥倖度日。
2. 生命不完整的感覺揮之不去，因而感到焦慮和渴望。
3. 聆聽心的聲音、朝新方向前進、做新鮮事來紓緩焦慮。
4. 發現自己原本不知道的弱點。
5. 繼續向前、改進、加強、超越，去除弱點。
6. 看著夢想成真。然後，你會說：「當然，我就是這麼

地球人生

厲害。沒什麼。」

7. 如此一再循環，在連續獲得成功之後，你意識到自己是**無限的存在**，活在一個**幻相**的世界裡。

8. 領會到自己以及全體人類的神性。

9. 前往新領域和次元，或是回去幫助別人明白你的領悟，或兩者並行（畢竟，你擁有「時間」，而且你可以同時身在好幾個地方）。

所以，很久以前我無所不知，但是我選擇了忘掉一切，好讓自己有機會記起一切？如果無所不知這麼棒，我為什麼要選擇遺忘？也許不知道某些事，我會過得比較好？無知是一種幸福，對吧？

只因為你選擇了相信幻相，並不表示你失去凌駕幻相的力量。儘管那個力量可能不足以讓你完全超越幻相，但你不需要超越，也能應付幻相。

你來這裡不是要行走於水面或飄浮在半空中，雖然這兩者都是可能並且最終也會做到。你之所以來到這裡，是為了徹底經歷身為人類的大膽體驗，你很容易就能實現這個目的。然而，如果任何人想選擇有最多的喜悅、最少的悲傷，而又無損於人世的探險，那麼只需要多了解真相就可以了。當愈接近真相，你的人生就愈豐盛、友善和快樂。愈遠離真相，愈貧窮、愈不健康、愈寂

寰。好奇心以及對知識的追求，將為你帶來滿滿的收穫。

　　每一個人類文明都曾為了改善生命品質而追求更高的智慧。每一個人都有與生俱來的好奇心想知道生命是怎麼回事。你的心智曾經求知若渴，但被封閉了，他們告訴你，「所有的答案都在一個憤怒的上帝身上」，或是「人類心智不能知道這類答案」。許多社會相信，只要有人以為自己有可能知道這些答案，或甚至只是放肆地提出質疑，就證明了這個人軟弱且有罪的本質，而且將招來惡果，長期待在熾熱的煉獄裡。於是你停止提問，你的力量亦不復在。不過……這些問題其實從未消失，對吧？

　　幸好，你確實比你在這場夢裡遇到的任何事、任何人，都更有力量與強大。你的火焰燃燒得比你意識到的更明亮。只要你願意，你就能用你的火花串連起散落的點並了解驅動前人探索生命的美妙之處（他們雖然追求真相，卻不相信自己有能力得知……）。

　　至於所謂的無知是一種幸福，這麼看吧：為了讓藥物不那麼難以下嚥，通常會加入一種**酏劑**（帶甜味的矯味劑）。地球人生充滿苦惱，有時也令人難以承受，而適用於每個人的酏劑，就叫做**了解**。了解**真相**就是力量。如果不了解，也許你會認為是上帝為你決定一切，或以為你的幸運之星排列得很好，或以為看見黑貓、走過樓梯底下、沒有履行的古老靈性合約會為你帶來厄運，或認為自己這輩子註定貧窮。這些無用的想法都會剝奪你的力量。

地球人生

即使是在缺乏對真相了解的情況下，人類文明依然欣欣向榮；人類的成功傾向就是這麼強大。然而，想像一下，要是每個人都能清楚看見生命的美妙與自身的力量，地球人生會是什麼樣貌？自信與樂觀將會飆飛！夢想與渴望將會牢固生根！一切都會更加容易！合作會是常態！信任、信心與愛，將以今天難以想像的方式綻放。這就是了解真相的力量與效果。

了解意味著丟掉沒有價值的東西，丟掉自我懷疑和相信自己很脆弱的信念。了解意味著不再認為是由一個外在的上帝來決定、審判或考驗你。了解意味著你知道自己是靈性的巨人，你有力量快樂地塑造和主宰生命的選擇。了解意味著放下教條、過往，以及那些你從不覺得是正確的社會觀念。了解意味著不再責怪，不再找藉口，也不再相信有人是被害者。這真是令人期待！

壞事嗎？當然會發生。壞人？當然有很多。你是創造者嗎？**當然是**！萬一你遇到壞事或壞人，互換了相遇的禮物之後，將會有秩序，將會有療癒和愛。雖然沒有任何解釋可以讓這世上許多悲傷的事「快樂起來」，不過這些事**確實**有解釋，而且這些解釋最低程度涵蓋了所有相關者的思想、信念與期待。世上沒有受害者，只有自願者。儘管有時候你幾乎不可能明白這點，卻不表示你無法意識到這是事實。

如果這一切都是虛構的，都是我們想像出來的，為什麼我們不能改變想法，改變一切，離開這個地方？

當然可以，但你真的想這麼做嗎？你也許以為你想這麼做，但是今天的你正活著、正在呼吸，這件事本身就具有意義。你在這裡，是因為你的內在最深處依然選擇留在這裡。

如果「離開」真的是你最想做的事，你一定會很快消失。不過，不是自動消失。可能得花點時間。還記得你買了那張遵循時間與空間的門票吧？秩序必然存在。你也還有其他的渴望，而且今天地球上還有七十億個共同創造者，隨著彼此路徑的交織分合，這些因素都必須納入考量。

沒有受害者，只有自願者。

常聽到這句話：「每個人都可以選擇屬於自己的真相。」聽起來很棒，但是會有問題。當然，每個人都可以選擇，但所選的「真相」並不一定是真的，無論對他們或別人。而一旦選錯便容易失敗。真相就是真相。譬如說，無論你是否「選擇」重力的影響，重力都一定會影響每一個人。同理，雖然每個人在餐館可以選擇自己要吃什麼甜點，但他們依然要付錢。

當你看見其他人在同樣的地球，同樣的時間、同樣的空間，創造出屬於自己的現實生活，這難道不意味著必定有某種絕對值、參數、界限，使他們能夠在與他人共享同一個實相時，卻又

  地球人生

創造了屬於自己的實相？每個人不是都必須，也確實共享特定的、不得違反或改變的共同現象嗎？

特定的具體原則與規範確實存在，而且每個人都必須遵守；它們建立了你們現在所生活的人生舞台。你可以說它們是現實的支柱，是生活在時空叢林裡的條件，也是**絕對的「存在的真相」**。它們凌駕地球已知的物理定律，其實這些物理定律也都有改變的空間，也是相對的（你會很訝異）。有形的實體世界確實建立在某些不可動搖的真相之上，這些真相在你的每一次人世都將存在，**無論你是否相信它們是真的。**

如果沒有這樣絕對的準則，那麼任何事都可能發生。吊燈可以變成汽車，大象可以變成麻雀、變成人、高山、海洋，或地球可能在沒有明顯原因下突然消失。因此時間與空間必定有某種極簡、可靠、基本、完整、流暢和固定的「結構」，好讓你們（個體與群體）都能把自己的「設計」刻印於上。

辨識出時間與空間的支柱會帶給你力量，不只是因為它們是什麼，也因為它們**不是**什麼。這些支柱如孩子般單純，也完全符合美好／力量／全體適用的檢測。事實上，這些支柱是時間與空間裡唯一的、真正的「限制」，但它們所賦予的力量，遠遠超過它們附帶的限制。在支柱的內部，人人都擁有自由與充份的活動範圍去達成他們展開地球人生所想達成的目標。

「存在的真相」

1. 同為一個整體：萬物歸一，均有神性，相互關聯。
2. 思想成為實物：每個人都是創造者。所有人都是神。
3. 生命是永恆的：生命＝意識、神、能量、你們、你自己。
4. 只有愛：只有神存在。
5. 一切都很好：一切都是它「應有」的樣子。一切都有秩序、完美和愛。

　　你可以選擇要不要矇上眼罩過日子。但是，請想像一下知道真相的你，比如，你如何對我，就是如何對你自己——跟那個不知道真相的你，比較起來會是如何？跟那個認為不論做了什麼都不會有後果的你？

　　這些真相掌管著你那恢宏、美好、完整的存在，它們給你探險的舞台，為你灌注力量，並為台上所有演員提供一條共同的脈絡。這些演員都跟你一樣，同意在這個時空裡演出。當你選擇去看那顯而易見的事物，不要反抗或抗拒，澄明就會出現。你可以大步向前，從容不迫地實現最瘋狂的夢想，不用去擔憂批判、犯錯、失去機會，或是那些你在不知道真相的情況下會相信的謊言。

那秘密社團呢？他們知道哪些我們不知道的事？

　　秘密社團是以靈性觀念為主的會員組織，他們的靈性觀念在

地球人生

當時很不尋常，因為他們的觀念是**生命很美好，人類很有力量，沒有一個人該被拋下或遺棄**。顯然，依賴對上帝的恐懼來控制信眾的任何宗教，都會把這種觀念當成威脅。知名的秘密社團包括共濟會（Freemasons）、骷髏會（Skull and Bones）和玫瑰十字會（Rosicrucians），這些社團的入會向來採行嚴格的排他政策，因為在創立的年代，不這麼做就有生命危險。然時至今日，這已不再是錯誤或不適當的行為。所有人都可和志同道合的人聚會、交誼和慶祝。所有人都可自由判斷哪些人跟自己志同道合。

秘密社團的主要目標之一，自然是保存他們珍貴的世界觀，將之傳承給精挑細選的繼任會員，以便代代流傳。當他們的「秘密」有天可以安全地分享給世界各地對此有興趣的人們，並激發一場頌揚地球人生的靈性革命時，也就是他們保存神秘信念的努力得到回收的時候了。

無論如何，經過了這麼長的一段時間，雖然大部分的秘密社團建立了忠誠、團結與服務的情感，他們最初保持隱密的原因已經消失和遺忘。

所以，「相信心靈，不相信宗教」——不只是交友網站的自介詞了？

宗教是你初次探索靈性的工具，形上學是你初次探索科學的工具。真理的探尋，總是由宗教與科學聯手提問：「我是誰？我

是怎麼會來到這裡？」可是宗教與科學並沒有把人類考慮進去，好似人類並不相關、是後來想到、是次要於生命本身。

靈性是人類認知到實相不僅止於身體感官所能偵測到的一切。這是種超自然智力的覺察，而你們都是這個智慧的一部分——覺察到一切的背後都有秩序、意義和愛；覺察到良善存在於每一個地方、每一個人與每一樣事物。覺察到你是永恆的、充滿力量的、強韌的，而你來到這裡，是為了喜悅地成長。

行為「不當」，難道沒有後果嗎？

真正且唯一的罪，是看不見生命的恢宏與自身的美好。而這樣的視而不見，本身就是懲罰，根本不需要一個來自不存在的地獄裡的虛構魔鬼。請想一想：住在樂園、想法可變成事實、被愛被崇拜、一切都可能實現，但你卻對這些事一無所知，也因此未曾體驗，還有比這更悲慘的嗎？

那業呢？

業（karma）是行為導致後果的一種信念，它並非絕對法則，而是一種現象，而且是相當常見的現象。如果業是法則，它一定會干擾思想變成實物的固定「支柱」。同樣地，業也不是一個計分系統，例如犯規十五次就會被懲罰十五次。

地球人生

業的意思是，如果你選擇了沒有覺知的生活，比如說，把侵害別人當成理所當然的行為（無論基於**任何**原因），**那麼你也會生活在一個其他人抱持相同想法的地方**，侵害行為會被視為生命中無可避免的一部分。

就像任何循環一樣，能打破這個循環的就是覺悟。當你理解生命夠深刻的時候，你就會明白侵害他人**絕對**無法解決任何事。而在你領會的那一刻，你就跳脫了業的「循環」。

我還是可以祈禱嗎？

當然！祈禱是美好而強大的，因為：

- 祈禱的人顯然相信這個世界不僅止於身體感官所能看到的；有那麼一個更高的界域或力量是祈禱的對象。這樣的信念會讓祈禱者有如實的體驗。
- 祈禱展現出祈禱者相信他跟更高界域或力量有超自然的連結。
- 祈禱必然是**由愛激發**，不論那個愛是以慈悲、關心、渴望或是恐懼的形式呈現。

祈禱不那麼美好的地方，就是有關上帝是**在外面某處**聆聽祈禱的老派觀點；是由上帝來決定要不要實現你的願望，而祂的

決定可能是基於祈禱者或被祈禱的對象是不是「好人」和值得祝福。**彷彿**祂跟你是分開的，**彷彿**祂需要你的敦促才會採取行動，**彷彿**祂會拒絕給予愛、療癒、慈悲，或你要求的任何事！幸好，這樣的上帝從不曾存在。

祈禱的聚會**之所以**充滿力量，並不是因為上帝被祈求幫助的人數所感動，而是因為有這麼多人在愛的驅動下關注同一件事、同一個人或同一項挑戰，只為了醫治、療癒、改進、超越或克服難關。有了集眾人之力所激發的情感和累積的能量，思想就更能輕易成為實相。

先知是怎樣的人？

在任何一種文化裡，先知都是具有智慧和覺知的人，他們通常累積了很多前世經驗。你可以想像，當群眾，或許是因為苦難而尋求並**相信**有更好方式時，他們就會向先知求助。相對的，先知也渴望以本身的人世課題和經歷提供協助。先知的出現並不是因為上帝看見人類的苦難，然後說：「看來你們真的需要幫助。」而是因為群眾的渴求、思想和期待，像拼圖一樣，跟有智慧的、覺察的人（或人們）的渴求、思想與期待拼合在一起，因此這些思想就成為事實。

那天使呢？

任何願意給予安慰、指引或愛的有意識的存在（包括動物），都是天使。所有人都是天使。也有來自另一個界域的天使。你有沒有宗教信仰，對祂們來說並不重要。祂們會配合你的期待披上宗教的外衣或幻影般的輪廓。天使確實有階級與種類之分，不是說哪個天使「比較好」，而是有些更有先見、知道的更多；有些天使也對別的天使「負有責任」。你對天使的信念與接受程度，會幫助或阻礙你對天使的感應。

你需要知道，天使無法幫你過日子，也不能為你做決定。無論如何，透過愛，祂們能夠觸及你，猶如在你耳邊輕語，與你牽手同行，安撫你混亂的情緒；當你在崎嶇的道路上跌跌撞撞、行經險峻形勢時，天使會為你搭一座橋。因此，祂們確實可以改變地球上的生命。

你接下來是要告訴我沒有天堂，也沒有地獄嗎？

天堂跟地獄都是虛構的，至少以它們被描述的形式來說是如此。生活在地球上的你早已置身天堂。在時空叢林之內和超越時空之外，天堂以無數形式存在。在超越人世的國度裡，文字根本無法形容於萬一。譬如說顏色就比你的眼睛所能感知到的多很多。有更多美好的聲音、芳香氣味和難以想像的愛。然而這些此刻也都圍繞在你身邊，豐富到絕對足以創造非常快樂的人生。

天堂無關乎地理位置，**天堂是「平靜的心」和「你心中的**

愛」。當這兩者減少，無論減少多少，你會感到痛苦，而這痛苦的煉獄是自己打造的。它並非來自任何形式的天國審判，而是來自困惑與誤解——但這兩者皆可用真相「驅除」。

也就是說，魔鬼或惡魔並不存在？

　　它們只存在於你的腦袋。當然，人們會做出殘忍、邪惡的事，但必須明白的區分是，邪惡的存在本身並不具力量。人們做出醜陋行為並不是被邪惡驅動（被魔鬼使喚），而是因為困惑。而困惑，是可以解開，可以被療癒的。

有來生嗎？輪迴是否存在？

　　答案既是肯定，也是否定的。
　　否定是因為時間是幻相，而「輪迴」意味著「返回」人世。返回或離開，都是建立在時間刻度上的觀念。但所有的時間既都發生在同一時刻，自然也包括所有人生，只是人類的大腦無法想像。
　　肯定是因為在時間的**範圍之內**，先來後到確實存在。在一輩子的幻相裡，你經歷的是按照時間順序展開的童年、青少年與成年時期。同樣地，當你準備要去「叢林」展開另一輪探險時，你仍是在時間幻相裡，你依據前一世剛學到的課題和經驗選擇來

地球人生

世。

太好囉，沒有審判日！可是，少了對神和地獄的懼怕，人類不會到處為非作歹嗎？

　　沒有審判日，永遠都沒有。你與神同為一體，神不需要審判神。

　　那為什麼要當好人？做好事？首先，為善是你的天性。第二，因為背離天性的任何行為只會來自誤解與困惑，前面已說明過，而這樣的行為會導致生命失控。在混亂時期提出新的問題，因這些問題而召喚來的答案將很快引導你活出充滿創造力、成就感與快樂的人生。

　　真相是，你是恢宏、燦爛、美好、超自然和充滿力量的。你的思想一定會成為你經驗到的事件和擁有的事物，過去如此，未來亦然。沒有比這更棒的了。在地球上，在時空叢林裡的生活可以心想事成，還有比這更輕鬆的事嗎？你只需要學會去**想**新的想法，並且經常去想，它們就會驅策你在這個愛著你，也一定會回應你的世界裡採取行動。然後，天堂將出現在你眼前；就在它一直都在的地方，包括此時此刻。

第二章

意識的演化

有什麼好消息嗎？

這是我編造出來的嗎？

這會持續多久？
我要怎麼贏？

這是我們的選擇？

我為什麼會選擇到這裡？

如果我們選擇加入，也能選擇退出嗎？

我們是怎麼或
為什麼選擇人生？

有人玩得
開心嗎？

我覺得自己很渺小。

搞什麼鬼？！這些概念有夠龐大！我怎麼可能了解它們？

　　這個主題看似深奧，但你如果能以一個孩子的好奇觀點來理解有關實相本質的基本觀念，像是 —— 你是誰、你為什麼來到這裡、接下來會是如何 —— 你就能每天更容易地活在當下，享受生命的餽贈。

大多數的事都超出你們的理解範圍

　　由於你的大腦是為了幻相設計，應該說它是由幻相所**構成**，用來詮釋各種幻相，因此你無法期待大腦理解超越幻相的事。這有點像是戴上抗藍光的墨鏡就無法看見任何藍色的東西，因為它強調光譜一端的波長，而另一端的波長被阻隔。要以一個設計來看見、判斷、評比、喜歡或討厭幻相的物質大腦去看到和解釋創造出所有幻相的更偉大實相，這幾乎不可能。

　　比較一下人腦的大小與幻相的規模（這包括至少由十的二十一次方顆恆星構成的宇宙，再加上擁有數百萬不同**物種**的地球），你至多只能對非常、非常、非常少的主題有非常、非常、非常少的理解。

地球人生

你們能夠理解的事已足夠所需

去假設實相的本質，以及神性智慧在創造時空叢林的時候到底在想什麼，**幾乎**是不可能的，也可以說是自大、幻想和可笑的。「幾乎」就是「很接近，但不全然」。也就是說，**你的大腦仍然可以**帶著最大的自信推斷出與存在相關的，某些微小而絕對的真相（如前一章所述），這些真相不但賦予你力量，也能使你從今起過著更快樂、充實和滿足的人生。

如果我們在這裡不是為了敬拜神，而是像你說的，單純為了「探險」，這樣不是有點膚淺嗎？我們至少應該服務大眾吧？我們不是來學習愛的嗎？

很好！你會問這個問題，表示你沒有把自己的存在當成宇宙裡奇怪的巧合，而且你明白世上存在著智慧。

這個問題你自己就能回答，因為答案比你以為得簡單許多；只要觀察今天的世界，找出所有生命的共通點就行了。除了生存，你看不出生命的真實目的是什麼嗎？每一個人都在**追求快樂**，不是嗎？沒錯，這就是從時間「啟動」以來，讓極度擅長分析的腦袋百思不得其解的答案。

快樂 vs. 愛

　　當然，你可以說全世界的人都在尋求愛與被愛。他們尋求食物。他們尋求水。他們尋求陽光。許多人尋求貢獻一己之力的機會。但這些尋求的最終目標，都是在實現**他們**對快樂的追求。

你們的生命與愛無關，而是跟進入愛的探險有關。
你們的探險才是變數，愛不是。

　　跟許多人猜想的一樣，愛不是答案。愛是人生經驗裡的既定事實，就像空氣一樣。你選擇生活在時間與空間裡並不是為了呼吸空氣，同理，也不是為了愛。時間、空間與愛，只是維持生命的媒介。當然，這並不是說愛不重要，也不是說對你的存在而言愛極不必要。一如空氣，愛不但重要，而且必要。

　　你存在，而且幾乎**毫不費力**地就在宇宙中屬於你的綠洲裡成長茁壯，這意味著你無疑是來自純粹的愛；你沐浴在純粹的愛裡，也終將回歸到純粹的愛。任何不夠**純粹**的事物都意味完美的宇宙一點也不完美。而且為什麼是愛呢？看看你多麼有力量！看看你多麼美好！看看你多麼自由！看看你能夠多麼深刻地去愛與被愛！別開玩笑了！！你如此愉快地仰賴這個慷慨、繁盛、美

 地球人生

好、豐富、共生的世界，還在這樣的世界裡持續成長，你真的還需要去證明愛的存在嗎？

或許你想要對這份愛有更多覺察，或是想傳遞更多的愛，但諸如此類的目標都是為了促進你的探險、學習和追求快樂，並不是為了愛。「為了愛」這樣的東西並不存在。神聖的愛就是**存在**，沒有等級，既純粹又堅定。

你們的生命與愛無關，而是跟**進入愛**的探險有關。你們的探險才是變數，愛不是。

探險的成形，需要一種不完整的感覺

前面曾稍微提過，所有的探險，百分之百，是因為一種不完整的感受；這種感受帶來許多常見的痛苦，例如覺得自己不夠好、害怕挑戰、在逆境中掙扎、感到恐懼與類似困境。

這種固有的不完整感，其實是人性的特質。你持續渴望想要自己尚未擁有的，也想拋掉自己不再想要的。更精確地說，你的地球人生都花在一邊追逐你假裝自己沒有的東西：愛、朋友、富足，一邊煩惱你假裝自己有的東西：問題、挑戰和爭端。直到有天，你碰巧注意到「假裝」的預示力量。

這是你的**神性的不完整感**。它是偉大的神性意識存在的證明，而且這個不完整感永遠不會消失。這是你最棒的禮物之一。它不是詛咒，它也不表示你永遠無法感到滿足。你在**追求渴望的**

過程中，就能感到滿足，並不需要等到渴望實現。

　　感覺不完整是來自你對這個時空實相的概念和渴望的匯集。每次你決定你想要某樣東西，那都是因為你**以為**自己沒有那個東西。當然，就是這種想法激發了探險，讓你每天都有起床的理由。此外，因為你如此恢宏，你一定會得到你所渴望的東西；然而，你會發現，在你滿足了渴望的那一刻，或甚至還在追求渴望的過程當中，你又決定了你要另一樣東西（你認為你沒有的東西）。這個情況永遠不會停止。哈雷路亞！這樣很棒，除非……你要等到感覺完整了，才要快樂——因為那永遠不會發生。而這個誤解會使你畏縮膽怯，因為你錯誤地以為自己永遠得不到想要的，或是你想要的不屬於你，或自己沒資格得到，或自己多少是有缺陷和不完美的。

　　為什麼不兩者都要呢？在每天追求「完整」的同時，接受自己的「不完整」，並在這個過程中允許自己快樂？

我為什麼以及如何選擇這一世？又是如何選下一世？

　　追溯「為什麼」的答案是有盡頭的，因為理論上所有的答案都會帶你回到神性意識，也就是上帝的起源，而追溯到了這裡，原本的問題不再成立，因為「起源」表示有個開始，而開始意味著時間，但時間卻又是幻相。然而在你追溯每個「為什麼」直到盡頭前，所有答案都是可以推斷出來、可以觀察到，並且也永遠

地球人生

一樣：**因為你選擇，因為你想要，因為好玩（不論直接或間接），
因為你是天生的探險家。**這些答案顯然也可用來解釋每個站在十
字路口的現代地球生命所做的大部分決定，對他們「之前」所做
的每個決定來說，也是如此。至於那些顯然很悲傷和痛苦的人
世，譬如疾病纏身、經歷被虐或可怕戰爭的生命，雖然你無法明
白背後的原因，但你判斷得出背後仍然存在原因，也存在著秩
序、意義與愛。你也能了解無論這些痛苦是在過去還是現在，它
們跟永恆相比猶如轉瞬（當然這不表示這些痛苦是合理或可接受
的）。你也看得出來這樣的人生是地球人生的少數例外，而非常
態。

如果要解釋每一世人生的「因緣」，其實掌控的機制很單純：
思想變成實物。你的想法顯化為實相，也就是現實情況，別人也
是。每個前世今生都是如此。今生結束後，你還是同一個「人」
（或許因為歷練而變得更有智慧，除非你一直有著恐懼和被教條
制約）而死後的世界將帶給你升級版的觀點、引導、恢復其他人
世的記憶等等，使你擁有更高的觀察視角。你們的許多生命探險
家夥伴提供的**無數**瀕死經驗，都充分證實了以上的說法。

你充滿了能量、熱情與恐懼，這些不會隨你的死亡而消失。
你的恐懼還有今生未實現的渴望和期待（視它們的強烈程度），
通常會引導你「選擇」你的下一步，並以最有可能幫助你達成目
標的傾向、特質與偏好，為你打造來世（除非你在靈界的新視角
警示你或啟發你不再繼續追求）。

在我具有形體前，我是誰？我是什麼？在時空出現前的次元是什麼樣子？超越時空的次元呢？神是怎麼「出現」的？祂來自何處？

　　緊接著這個世界之前與之後所出現的世界或次元，也都是時間、空間與物質組成的幻相，只是延展性高了許多。你並不是只選擇做現在的你，這個選擇之所以出現，是因為「更早的」你想要在連續的時空裡探險，而這必然意味有許多種人生可以選擇，當然也包括每次人世之間的空間。你在這樣的「空間」裡消化剛發生的事，並策劃接下來的可能（依然是用人類的方式思考，也需要全部相同的參考標準）；而這些「空間」也必然是以可塑性更高的幻相來設計。

　　至於在時間與空間出現「之前」和「之後」的世界或次元？別去想了。要記得，你在「這裡」只能對非常、非常、非常少的主題，有非常、非常、非常少的認識。這些問題的答案是絕對無法在這個時間與空間裡清楚理解的，但好消息是：你無法回答的任何問題，都跟你今天的幸福快樂無關。

　　掌握你知道的事就行了。此刻你活著，這點無庸置疑。所以真正重要的問題就是：「你要如何活？」當然，透過上面這些問題得知的脈絡也許有幫助，而且你確實應該在有機會時探索答案。但別忘了，此刻你的焦點是**從內部**解讀你身處的幻相世界。

　　你就好像是一條在巨大的美麗水族箱裡出生長大的魚，你好

地球人生

奇水族箱以外的世界是什麼樣子。但水族箱「以外」，是你無法理解的概念。就算你試著去思考也不會有什麼結果。你應該要知道的是餵食的時間，水族箱裡哪些地方比較溫暖，晝夜的光照模式，水族箱裡的同伴是誰，善良的主人在哪裡放置石頭和水草製造隱密角落；這樣你至少還能充分善用水族箱的生態生活。生活在地球的你也是一樣，雖然你推測得出（基於從自己的世界和十的二十一次方顆星星觀察到的驚人秩序）此刻非常、非常、非常有可能，許多**偉大的、令人費解的**目標正在進行，而「總有一天」，這一切將在你完成**所有**人生，並回到「一切的起點」之後，變得清楚明白。

　　你現在在這裡，在這個地球，就是這樣。覺醒、發現、探索、歡慶，然後繼續前行。現在的你不知道自己是如何，或為什麼進入這座「水族箱」，也不知道接下來會發生什麼事，那又怎樣？透過觀察，你知道無論如何，這輩子你都會以這個地方為家。你注意到自己具有驚人的力量；你所抗拒的會持續，而你所想的會發生。你知道推動你的能量是自由流暢的，而愛，無所不在，那些與你共享空間的人跟你一樣恢宏、神聖、充滿希望。你的「水族箱」**就是**一個輝煌、美麗、多元、單純、繁複和豐盛，種種言詞難以形容的樂園。你的「水族箱」其實更像是一個巨大的、旋轉的、慈愛的星球，它叫做地球，它一直持續為你提供所需。這不是偶然！**地球愛你。**

　　活在當下。

當我「完成所有人生」之後，一切就會清楚明白？決定完成與否的因素又是什麼？或是誰？

　　你一定聽過這個說法：「那人是個老靈魂。」這跟「嬰兒靈魂」的涵意是一樣的。這些名詞的意義照例比一般人理解的更為深刻。它們意味在「嬰兒」與「老」之間，存在著其他階段，像是「年輕」和「成熟」的靈魂。這個意涵完全正確，就如身體會隨著時間在不同階段**成長**，「靈魂」也是。我們也可說它是你所有人世的能量精華總和，包括那個選擇進入叢林探險與經歷這些人生的「你」。然而，靈魂跟身體不同，身體會在單一世裡經歷生老病死，靈魂則是隨著多次的人世較為緩慢的成長。你帶著你在每一世人生所累積的智慧進入下一世，但不會記得帶來智慧的具體教訓或事件。這是為了讓你的每次轉世都能活在當下，專注於你所選擇的人生，不要為經歷過的人世分心！

　　換一個角度來看，就如身體和心靈會如預期地逐步發展，行星上的集體靈魂年齡也是。簡單來說，歷史上的任何時間點，都有當時全體人類的靈魂平均年齡。微妙的是，由於時間的虛幻本質，並非每個人都是在不可考的從前以嬰兒靈魂作為開始。有些會選擇在很久很久之後才開始體驗人世。你們也可以選擇未來的日子作為第一次人世，就如選擇在過去的某個時候來此當個老靈魂。沒錯，自未來選擇回到過去，可能會改變一個或多個同時發生的平行未來版本，但這個理論留待日後再討論吧。

 地球人生

所以，在任何時候，行星上都有各個年齡的靈魂，而靈魂的整體年齡通常會隨時間進展，幾十年、幾百年、幾千年而逐漸成熟。邏輯上來說，行星上的意識發展類似於個體的靈魂意識發展，而靈魂的意識發展則類似於身體的發展。

大致說來，行星上的「第一批」靈魂居民主要會是「嬰兒」。少數的成熟靈魂（可能還有些老靈魂）會提供指導，如果他們沒有因為太與眾不同而被殺光的話。就像今天的世界，物以類聚，即使是嬰兒靈魂也不例外。時間雖然是幻相，但如同身體會衰老，行星上的住民也會一代代愈來愈成熟。他們學會了用火、金屬，也有了交配等經驗，但情緒方面或許仍一團亂，所以會拿核子武器互相瞄準。再老一些，他們會意識到自己不但很有力量，也必須為力量的使用負起責任。不久後，他們將發現每個人內在的神性，包括他們自己。最後，他們知道，生命是一份自己創造的禮物：源於神、屬於神、為了神，任何事都有可能，思想變成實物，「存在」是永恆的，唯有愛為真，而一切，都很美好。

正是因為了解這種演化的必然性，數千年前，包括諾斯特拉達姆斯（Nostradamus）在內的古代預言家，才能夠驚人地預測出你們現在的靈性成長可能處於哪個階段，包括人類可能做出哪些選擇、造成哪些後果。他們接收到可能的軌跡，也就是你們演化的預期蛻變。而隨著你們超越過往的自己，到了今天，你們正要跨越人類在地球行星上從未跨過的門檻。很顯然，不出所料，他們不但預見了你們的成長與擴展，也預見了伴隨你們的揚升／

升級而出現的擔憂與抗拒，以及可能伴隨成長必經之痛而來的行星混亂。

那麼，地球上的我們到底是年輕的文明，還是古老的文明？

年輕的。尚未成熟，正進入成熟早期。類似人類青少年的後期。荷爾蒙飆升。鬼祟、難捉摸、愛生氣、苛求，被迫快速學會如何棲息於成年期的身體和國度。這是個全新的世界，有不同的規則和期待，還有一個跟你以前的體驗截然不同的遊戲場。

當然，在經過任何變化後，你們需要時間釐清狀況，尤其是責任隨著成長變多了。一開始，你們拒絕。「以前」一切都很酷，你們每天愈來愈強大，愈來愈有力量，你們原本在學習如何突破限制，但突然間，你們必須學習何時為自己設下限制！你們內在的不安巧然浮現。

就如所有感受純粹是帶有情緒的想法，這個不安將在你的生命裡尋求表達，一如你的其他想法與感受。這份不安最後可能會以憤怒、爭論、衝突、困惑、意外、疾病、依賴、青春痘的形態呈現——有無數種可能與變化。與此同時，思想變成實相。開心有活力的想法和憤怒好戰的想法相互競爭，爭取在世上表達的機會。

然而，就像青少年無法抗拒身體的成長，人類亦無法抗拒靈性的演化，此時此刻在這個地球，個人演化和集體演化正在持續

 地球人生

發生。無法回頭。抗拒沒有用。那些不明白的人，那些咬緊牙關、握緊拳頭、堅守過去與傳統的人，他們的精神將愈來愈緊繃。

事實上，發生在地球上的每一件事，都是先存在於人類的思想。譬如，集體層面來說，你和其他人類的意識與地球的溫和意識交織一起，共同創造出氣候。你們全體。所有。你們不是旁觀者，也不是單純的見證人。你們主動地、直接地創造出氣候，全年無休。氣候是面鏡子，正如時間與空間裡的**一切**，反映出人類的內在。當然，季節、週期、模式與物理法則也影響著氣候，**但這些也都是你們創造出來的**。除了雷雨雲和陽光外，還有龍捲風、颶風，以及板塊運動跟地震。記住，一切都是幻相，你們的幻相。而氣候是人類的集體幻相。這些集體顯化在你出生前便已設定了要運作，而你依然選擇要做此刻在地球上的你（包括所在地點）；因此，無論今天的世界在你眼中是什麼樣子，你要對自己的選擇有信心，它一定是適合你，你才會這麼選擇。

← →

你們原本在學習如何突破限制，但突然間，
你們必須學習何時為自己設下限制！

← →

創造的棒子已經交接，就在你配合你個人的課題與成長的動力前進時，你與共享地球的每一個人都已進入了共同創造者的角

色。

但是我對氣象學跟板塊運動一無所知！我怎麼可能影響它們？

　　地球上發生的一切，都跟地球人的情緒狀態／感受有關。聽起來**不像**真的，但這無所謂。你不曾記得要提醒心臟跳動吧？那又怎樣呢！記不記得一件事，跟那件事的真實性有關係嗎？此外，它原本就不是要如此明顯，而是要看似「真實」！唯有如此，你才能忘記自己正在做夢，也才能被熱情與情緒驅動，好讓探險跟旅程得以展開。就像夜裡做的夢，一切都很真實，於是遊戲開始！夜裡做的夢也有重力，對吧？夢裡可能會出現大雷雨或地震，對吧？而在夢裡，這些很合理，都有原因。夢裡甚至會有天氣型態：炎熱、乾燥、暴雨。好精采的表現方式！但醒來後，沒有人會對自己是夢境的創造者有所懷疑，包括夢裡的重力與天氣。你的夢境也一定有某些目的。夢境本身的**逼真**就是它的目的。**你看**，這不就是地球人生！

　　幻相定義的一切，都是你現在在做的這場夢的一部份。你所分享的經驗（其實是分享幻相），就像天氣和板塊運動一樣，你也是那個經驗的共同創造者。你照例透過內在世界的思想、信念與期待，創造出外在世界。

　　因此，當內在掀起不安和擔憂的風暴時，地球也會出現外在風暴。內在平靜，外在亦會平靜。幸好，你只要透過控制內在的

 地球人生

狀態，最終就能控制任何外在的風暴。這很令人振奮。因為你不只能學習平息世上的混亂，也能學習將創造的能量導向探索、覺醒、和平與愛。

但首先，你必須放下過去的習慣，學習如何在一個你以為是**被動**的世界裡發揮影響，並且意識到從過去到現在，都是你在**主動**創造世界。

好吧，我需要一個相信這些說法的理由。這個故事會如何發展？誰是最後的贏家？

大家都是贏家。

在了解來龍去脈後，既然你已投入地球人生，就只要儘可能活得開心。前面提過，這就是每個人當下的生命目標，無論他們是否承認。你活著是為聆聽心的聲音，讓心引導方向，並因此迫使你面對旅途上的每一頭怪獸，最終讓你的高我得到神性的、更高頻率的滿足：寧靜。

那不是來自懶散或因恐懼而無精打采的寧靜。這種寧靜會令你臉上露出笑容，心中感到平靜，並接受每件事、每個人、每個地方。你覺得自己好像可以快樂地永遠在地球上輪迴轉世。你了解到一切都是神的安排，萬事萬物都適得其所，並活出神聖心智所設計的精采探險，所有錯誤最終將被修正，所有謊言不再。這時，你就可能已來到「遊戲結束」的時候了。

嗯…很多人告訴過我，如果能夠選擇，他們永遠不想回來。他們能夠選擇退出嗎？

站在能全面觀察生命的視角上，明智的人不可能選擇退出生命的探險之旅，就算你度過了糟糕的一天、一個月或十年，或是踢到腳趾、滑跤，或更慘的事。你的高我已有許多收穫，而在你還沒過完這世之前並無法評斷你所選擇的這世。

也就是說，考量到你存在的整體—— 你的高我**以及**你的人類自我——一旦你人世的探險開跑，完成這個探險就會是你最大的渴望，即使在人世的某些低潮期，你的人類經驗可能相當淒慘，你也不會改變。

記住，你現在在這裡是有意義的。想提早退場是因你忘掉了今天你之所以在「叢林」，**是因為你選擇做現在的自己**。此外，想想這個因為時間的同時性而產生的驚人轉折：由於時間是幻相，選擇進入叢林的開始**與結束**都在同一個「時刻」！在你選擇展開人世探險的「那一刻」，你就已經完成探險歸來，你的每一世已圓滿結束。所以，你是在那一刻的哪個時候，發現這是個壞主意而想要退出？

好，再回到前面一些，我們目前的學習進度到哪裡了？

整體而言，今天地球上的靈魂加權平均年齡是二十一歲。當

 地球人生

然，有些靈魂老很多，有些還是嬰兒。但平均年齡大約是二十一歲。所以你現在是跟充滿能量、充滿刺激、充滿挫折的人一起生活！許多恐懼和憂心造成不少醜惡現象，但許多美好事物也帶來希望。今天，靈性在不需要宗教的情況下，終於綻放光芒。當你們對自身的力量和責任有了必要的認知和深刻理解，你們終將認識並體會你們的神性。

你們已發現你們的力量，現在的任務是了解伴隨力量而來的責任。你們處理的不再是不公的待遇、匱乏、誤以為自己很脆弱等等這些較共通和基本的能量，而是目前在你們眼前較難處理的障礙，像是在「責怪」、「過錯」這些字背後的涵義，以及受害者／受害心態的觀念。心靈對話不可能支持這些錯誤想法。要駕馭和使用你的完整力量，你就必須對過去與現在的一切負起責任。如果你仍相信「事情」會出於偶然或因神性力量的干預而發生在你身上，那麼單是**這個信念**就會使之成真。沒有了這樣的誤解，你將銳不可擋。

請瞭解，為你生命中的一切負起完全的責任並**不是**：

1. 否認自己曾被侵害
2. 寬容或合理化那樣的行為
3. 排除任何求助的選擇，或
4. 代表你必須了解（不是像我們現在這麼概括）你**為什麼**經歷你所經歷的事。忘了「為什麼」吧。這太痛苦

了。問這樣的問題，只會使你脫離當下、無法向前看。

接受全部的責任不表示發生的事都是**你的錯**，或是要怪你！究責沒有用，無論責怪的對象是誰，包括你自己。你是探險家，你受到啟發而採取行動是為了享受過程，盡全力去學習與成長，你是永恆的存在。因此，發生的每一件事都使現在與未來的你更為豐富。每一件事的發生，都使神更加擴展。只要你還在這個遊戲裡全力以赴、進步、學習與成長，就沒有失敗可言，這就是永恆的存在不斷在做的事。

如果在你的創造、顯化、延展、接觸和成長當中，吸引了侵害你的人進入生命，你會從中學到課題／教訓，往後不再建立這樣的關係。然而，如果你的生命中確實有人「對抗」你，那你就是原因[3]。你經歷的一切是因你產生，無論他人是否參與你的顯化。當你準備好時，你就會瞭解這些經驗的深層原因，你為什麼創造了它們，但有時會是在這次肉體生命結束後才會知道。對於曾發生過的每一件事，你也要建立「是的，我參與了這件事的創造」的想法。也許還可以加上「我不知道我發揮怎樣的作用，也不知道為什麼我會經驗這件事，但我知道我是在一個有秩序、療癒和愛的世界，有一天，這一切都會變得清楚。」這麼做可以提升你的振頻到一個新層次，使你擁有你從未知曉的力量。

3　原書編註：關於這個敏感的主題，稍後將有更多討論。

地球人生

你要求很多。要是我，或「人們」，抗拒地球上正在發生的這些意識改變呢？

你們**本來就在**抗拒啊！這是自然的，而且在意料之中。你們需要時間習慣這些新想法。它們尖銳，令人尷尬，甚至是丟臉的。接受責任也甚至可能破壞了向來以藉口和自圓其說打造的人生，而你們原本可以「安穩地」躲在這些藉口與自圓其說的背後。然而真相就是真相，抗拒真相就等於活在矛盾裡，這永遠會比接受真相更悲慘。

有時候你們要經歷許多次拒絕接受真相的人世才會瞭解。拒絕接受真相時，你的顯化會非常雜亂，什麼樣的都有：好的、壞的和醜惡的。你時而相信，時而不信，時而責怪，時而哭泣，時而感到充滿力量，時而感到無力。你會持續給出你的力量，直到因為了解真相而把力量收了回來。最終，抗拒真相的代價遠比接受真相高出許多，這是每個人都必須自己學到的領悟。

在這段成長與抗拒的期間，地球持續運作，老舊的（宗教、政治、經濟等等）系統漸漸失去功能，如果不是進化就是徹底崩解。假使人類持續抗拒（這不太可能發生），人類的集體生存將會遭受嚴峻考驗，但不是某種最後的審判日，而是因為你們讓大自然與人類失去了矯正失衡的機會。如此一來，你們的文明將會加入歷史上那些在世界各地留下神話與遺跡的王國、帝國和朝代，包括「消失的」亞特蘭提斯與古埃及、羅馬、希臘、中

國、土耳其等古老王國，以及**數以百計**你們從不知道的高度發展文明。這些文明之所以一一消失，跟表面上消滅它們的洪水、戰爭、地震或瘟疫無關，原因在於洪水、戰爭、地震或瘟疫來臨之前的思想。

當然，這些隕落文明裡的靈魂依然不滅，許多靈魂今天就在你們之中，再一次在地球努力；有些靈魂則被吸引到其他時代或行星，因為他們和那裡的集體靈魂的成熟度**有共鳴**。雙贏。每個靈魂都有符合他們頻率的地方可以生活、學習與探險。而那些被錯誤想法或對真相抗拒，還有隨之而來的混亂吸引的靈魂也將會一直持續他們緊抓的想法，直到終於思考：「我還能用怎樣的方式來看待這件事？」

很容易，對吧？想知道你是否活在真相裡嗎？問問，「我的生活過得如何？」越崎嶇、越反常古怪、越多莫名其妙的失望，就越表示你「沒能理解」關於自己是誰和身在何處的真相。

你有什麼好消息嗎？

問得好！你現在就正在接收好消息！其他人也是。各地的人都**正在**醒來。自古以來，從未有過這麼多人類如此關心環境，甚至有大型的跨國企業投資巨款來收拾過去的災禍並預防未來的災難。從未有過這麼多人類一起大聲疾呼，堅持這個世界的正直與人們彼此的尊重。在每一塊大陸，壽命持續延長，生活水準的

地球人生

提升也超越以往。時代正在迅速改變。

你們只需努力逐步檢測真相：你與其他人類同胞的開放心靈正吸引並提升當前文明到達過往文明無法想像的高度。只要試著努力，你就能證明生命遠不僅於此的信念，而且你有能力發現生命的豐富美好。這樣的信念，加上相應的行動，就能使你們轉變與革新地球人生。

我要從哪裡開始？

參與，向前行。從邏輯與直覺上來說，一個文明的演化很大程度是取決於它對**全體**成員有多關心。不是因為要無私，而是這樣對自己最好。然而在地球，人們一直很難做到關心每一個人，因為他們沒有先愛自己。

是時候去理解與讚揚個體的重要性了 —— 每一個人，無論他們是誰。

你們一直都被忽視，**互相忽視**。你們被要求犧牲，被要求無我，要把別人的需求看得比自己的需求更重要。你們被教導的觀念是：放縱與享樂源自你們的獸性。你們一直被懶惰或貪婪的領導者利用。你們也一直相互利用。

他們的理由一直是如果每個人無私工作，社會就能成長並孕育出堅強的個體。這事實上是在弱化個體的心靈，使心靈死寂，並否定了你們當初選擇住在宇宙這座完美堡壘的根本原因：做自

己,自由自在,看看可能會發生什麼事。你們感受到也知道,堅強的**個體**會建構出強大的**社會**。

沒有人該被責怪。你們以為領導者的想法合理,於是配合並給出自己的力量。但夠了,是去頌揚你們的個體性,遵循自己的心,並鼓勵所有人都一起這麼做的時候了。這是自我負責的象徵。

● 榮耀自己

榮耀並尊重你自己和所有你與生俱來的夢想。你的夢想不是出於偶然,而是高我給你的禮物。夢想正是你選擇活在此時的部分原因:你想要實現它們。你的夢想提醒你具有的能力,而隨著你朝夢想前進、進入愛與艱難課題的探險時,你將感受到喜悅,而這份喜悅將使你成為照耀人類的光。

⟷

你是神最想成為的人,此時此地。

⟷

● 愛眾人

尊重自己代表你會自動關心他人並為他人著想。如果在你生命裡的人受到傷害或不快樂,你又會有多快樂多自由呢?愛別人,不只是出於同理心,也不只是因為他們同樣屬神,而是因為你愛你自己,因為他們的快樂也會為你帶來快樂。

 地球人生

你已漸漸明白這點。

這不表示你要向每個人讓步。這不表示你必須把不想留住的人留在你的生命裡。這不表示你必須花時間跟那些令你失望的人相處。要了解，無論你怎麼做，都不可能保證他們的快樂。他們的快樂是掌握在他們自己手裡。你不虧欠任何人任何事，你只須為自己的幸福快樂負責。要瞭解，如果此刻有人出現在你的路徑是有意義的。你可以謹慎地選擇和定義這個意義。也許他們的出現，是在邀請你找到足夠的力量請他們離開！

那麼，神要到什麼時候才再出現？

祂從未離開。祂就在這裡，**透過每一個人**而存在。地球人生發生在神的**內在**，發生於創造裡面。祂正在這裡體驗地球人生，一直以來都是，祂**透過你**創造。你和每個人類同伴都是至高者的迷你版，你們不是分開的，而是**同屬一體**，你們正在使用思想、話語和行動的力量，增進地球人生，而這樣的影響顯然是驚人的。

你們在地球是要決定……**一切**。你們**不是**被放到這裡接受考驗、審判和刑罰。你們不是附加的想法。你們是第一個想法。你們不是意外。因此，沒有什麼是巧合，錯誤也不存在。你們是永恆的，是充滿力量的。你們可以做、可以擁有、可以成為一切。至於為什麼來到這裡，前面已經間接和直接說過：這**一定**是出於你們自己的選擇。**必定如此。**

你不是被分派到這裡。你不是個嬰兒，不是初生的嬰兒靈魂。你是古老的戰士，早在時間與空間被創造出來之前就已存在。你是純粹的神。神只會去神**最想**去的地方。反過來想，這有驚人的意義：你之所以是你，不只是因為這是**你的**選擇與你最想要的，也因為你是神最想成為的人，此時此地。

　　是的。

　　這就是真正的你，以及你為何來到這裡。請放心，一切都好得不得了。當你做出選擇時，你清楚知道自己在做什麼。你可能不記得自己為什麼那麼選擇，但你能夠知道你做了選擇，而且這個決定必定是源自**你恢宏的頂點**，而且是為了高貴、美好和充滿愛的原因。

　　聽起來太牽強？

　　如果這麼覺得，請問問自己：「還可能有哪些答案？」目前常見的答案只來自兩派思想。一派說你是偶然出現的意外，是現實裡的怪異現象，沒有原因、秩序或意義。另一派說是「上帝」把你放在這裡，看看你是否已準備好上天堂。

　　但先等等。我們來複習一下我們的「新」想法：你是上帝的眼睛與耳朵，與所有造物同為一體。這聽起來不合理嗎？這個想法榮耀每個人，不是嗎？這不是很公平嗎？這跟你知道你所行使的力量相符，不是嗎？你難道不覺得自己重要？你不知道自己很出色？你不是一直都在盡最大努力？每個人不都是嗎？你難道不曾有過對某人的愛感到滿溢的時候？對寵物？對你自己？

地球人生

即使現在你的腦袋不斷冒出問題，即使一開始你可能有些抗拒（這正是我們一直在討論的），但整體而言，是的，你是神粒子（God-Particle）這個解釋要比任何別的解釋更合理。生命是美麗的。你感覺得到你和這些想法共鳴。你是真相的氣壓計；當你聽見你知道是正確的事情時，你感到興奮。

我們還必須走多遠？每個人都玩得盡興的那天真的會到來嗎？我們玩得開心了嗎？

　　地球即將迎來地球史上最興奮的時刻，她將要穿越以往從未跨越的門檻，她將給予她的住民以往不曾給過的東西（謝謝地球住民）：活在一個真相的光芒將戰勝黑暗的時代。這在過去從未發生。你是心靈的先驅，活在一個你自己創造的世界裡。

　　你看到了探險的機會。你從無窮盡的可能性當中做了選擇。你考慮過石器時代，考慮過住在雲端的未來生活，然後，你說：「看！就是這個！黑暗時代結束的第一道光芒，在一個超級豐盛、超酷、超美的行星上！雖然這裡過去曾有許多不負責任的行為，但她依然美好繁盛！我要去這個地方！」

⟷

你是心靈的先驅，活在一個你自己創造的世界裡。

⟷

你們現在依然處於你們這段文明的救贖時期，**就如你知道你會身處的情形**。大規模恢復記憶並不嫌晚，已經開始了，人類正在醒來並提出新的問題。你們必須做的「努力」微乎其微，只要改變相對來說少數人的心智即可。這會帶來滾雪球般的效應，動能將迅速匯集，改變會愈來愈快。即使現在世界各地都有經濟的繁榮與財富，這仍跟你們要前往的豐盛之地無法比擬。

前面分享的那些簡單、顯而易見的領悟能帶給你平靜並賦予你力量，讓你遠離無助、剝奪你力量的話語，像是：「我不知道這是怎麼回事，一定是上帝把我放到這裡的。我們都是住在這個冷漠、不人道世界的受害者。」反而，你的想法將變成：「天啊！這是我們醒來的好機會，知道真正的自己並活出從未有過的燦爛人生！」

真相是，你確實住在一個夢世界裡，而你不用花上千百年，只在一次人世你就能從黑暗進入光明，並瞭解到你就是自己的織夢者。不過，這**仍然**是個選擇。你**正**站在十字路口。你會選擇哪一條路？覺醒還是抗拒？答案懸而未決，也使得這場冒險更刺激，更好玩。

地球人生

第三章

關於幻相與在乎的理由

誰在乎？

這讓我不安……

是我想要相信謊言，
因為這樣才能學到真相？

戲劇化的情緒比科技突破更重要？

什麼才是重要的？

哪些事有所謂？

如果這一切只是夢，
誰想要當我？

我的意思是，如果一切是幻相，
那又有什麼好在乎的？

我們是否應該放棄科技？

要是我不在乎會怎樣？

我不想惹你不高興，但我就不拐彎抹角了……

沒有與一切。

說得更具體些：沒有什麼有所謂，但一切都很重要。

如果你認為這是在玩文字遊戲，先說個什麼再來否定，為了保險起見所以用含糊的手法，**請明白，就算這句話沒有後半，它依然是無法撼動的真理：沒有什麼有所謂。就這樣。**表面上看來，這句話有些失敗主義。真的，如果真是這樣，誰還需要寫日誌或看書？

可是一件事是否有所謂，是在於它的影響，對吧？一件事是否重要，是取決於它的價值。等等……請把這些話再看一次。

你所看到的

如果你是以「我們是在地球上短暫生活的肉體生命，在空間和線性的時間軸上生活」的脈絡來處理大多數的事，那麼對你而言，「沒有什麼有所謂」可能是你聽過最荒謬、最沒有建設性且愚蠢的話。而無論你是否相信神的恩典（這麼說真是對神不敬到駭人），還是相信生命是某種隨機的宇宙錯誤（同樣駭人），這都是真的。

如果上述是你認為的脈絡，那麼對你來說，此刻，**一切**都有

地球人生

所謂，**極度有所謂**，而且每件事對你當下的生存與任何長期機會都影響深遠，這裡說的「機會」是找到幸福快樂的機會。

真相的面貌

有時我們在向內探索並問了些困難的人生問題之後，自己會有些推論，然後意識到：

- 每個人都來自並會回到神性智慧、源頭、神。
- 每個人都是神的火花，創造出當下的旅程，目的是在與死亡並肩的同時，體驗全然活著的感受。去學習、去發現、去探險、去愛，**好似**是自由選項。而在這「之後」，你們仍將擁有永遠；隱喻上來說，你們是在神的掌心裡永恆地擴展。
- 你的存在獨立於時空之外。時間只是標註出你認為自己現在所在空間的記號。同樣地，物質也不是真的，它只是讓你看到你一直的想法。它們都是來自你（你是它們的源頭）。然而，由於你對自己在「哪裡」和是「什麼」的信念（或錯誤信念）會引發感受和情緒，**就這樣**，幻相達成了它的目的！
- 更進一步來說，如果人類是幻相的個別與集體創造者，這意味先出現的是你。先有你，才有幻相。因

此，是真的，是你決定人生事件，不是人生事件發生在你身上。無論事情怎麼呈現，也無論它們有多令你驚訝，事實上是你投射出它們，不是你意識到或察覺它們。時間、空間、物質都是幻相。所以就算過了很久很久，你依然有很久很久很久的時間可活，在那之後也是，而且直到永遠！

這引導你們到這個驚人結論，那就是無論你的地球人生，或在這個實體宇宙的任何一個角落發生什麼事，任何一年，包括這一年，**都無所謂！**因為你依然會是，一直是，而且永遠是，**你**。你是恢宏的。你、你的身分、你的靈魂都是真實的；其他的不是。這個觀點，這個真相的觀點超越層層幻相；**什麼都無所謂**，不重要。

「喔，不！」「喔……太棒了！」

沒錯，這個觀點令人煩惱，也令人興奮。

什麼事都不重要的超棒意涵，就如你所說的，「非比尋常」的棒：**無論發生什麼事，你都再也不用擔心了。**

此時發生在你的人生、你的星球、每塊土地、窮人與富人、種族與宗教間的試煉與磨難、讚揚與勝利，到頭來，它們就像你在夜裡做的夢，因為它們「一直，也永遠發生在神的掌心裡」。

地球人生

畢竟，它們都只是幻相！

←——————————→

時間只是標註出你認為自己現在所在空間的記號。

物質也不是真的，它只是讓你看到你一直在想的想法。

←——————————→

一直以來，你認為要緊的那些事，其實並不重要。只因為你相信幻相是「真的」才這麼以為。後面將有更深入的討論。但這不表示你對於人生如何展開沒有偏好，你一定有。不過，先別著急，後面會有更多說明。

由於你顯然選擇了來到這裡，而且顯然目的也已達成，也因為無論發生什麼，都不會也無法削弱或晦暗你的恢宏本質（那個靈性的你），所以我們還是可以說，任何發生與沒發生的事都有價值，也因此是**重要**的。

可是如果某事是重要的，當然有所謂。如果有所謂，那它就重要啊！我認為你在玩文字遊戲，令人火大。

這不是哲學上的吹毛求疵。請想想，根據傳統定義，「有所謂」的事之所以有所謂，就是**因為它們會改變結果**，對吧？那麼，你明白沒有任何一件事能夠改變你就是你，永恆、充滿力量、美

好和被愛，而且直到永遠的你嗎？要了解這個觀念，你必須不再認為自己等同你的身體，並且明白你和你的人格即使在身體死後仍將繼續存在。不是在你死後，你的人格就會像方糖融化在熱水裡，消散融入某個更恢宏的自我。雖然你會跟高我融合，但這樣的轉變不需要捨棄人格。為什麼需要？你現在就是在神的「裡面」活出你的人生和想你所想的，你並沒有失去你的自我感。

是的，你**可以**說某件事很重要，因此有所謂。但是，「因為沒有什麼有所謂，所以什麼都不重要」，不是更公平也更正確嗎？雖然很難接受，但這麼說沒錯吧？這麼說雖然會使我們更不容易得到有助從容生活的洞察力，但我們應該體認的是，雖然人生是場夢境，在這場夢境裡，你依然有自己偏好與看重的事。就好像你因夜裡的夢而得到啟發，你雖然覺得這個啟發很重要，但你依然知道夢裡發生的事是虛構的。同理，時間只是幻相，但在**這個幻相裡**，時間是你必須處理、管理和考慮的事；因此時間變得重要。

同樣地，好萊塢電影寓教於樂，但電影本身重要嗎？電影裡的人物真的互相廝殺，真的心碎嗎？有真正的贏家跟惡棍嗎？觀眾的心得或收穫是**重要的**，但心得如何出現並不那麼重要。**就像人生**，如此生動又逼真。身為超自然存在的你，<u>可以選擇去瞭解</u>：在你底下永遠有張非常可靠的安全網。

所以，「我」存在，而且將永遠永遠存在，無論發生任何事？

  地球人生

這是很值得說明的差別，因為影響深遠：

你最珍視的那個「你」，那個眾人喜愛與珍視的「你」，以及**你最珍視的每個人，都是堅不可摧、跨星際、永恆不變的存在！不被情況影響！不被死亡所傷！你是神聖的存在！永遠都是！你與你愛的人不會因為時空或甚至時空以外**發生的事而消失或減損！你們全都屬於神、源於神、為了神！時空裡沒有什麼是有所謂的，因為不論無盡的可能性裡存在著怎樣的顯化，你在所有顯化都將勝利並遨遊高飛。

覺得釋懷，鬆一口氣了嗎？現在就好好感受。**好好活出你精采的地球人生！**

所有人都會回「家」，完整、更豐盛，更有歷練後的智慧。每個人都會得救並且歡欣雀躍。這是永恆的多贏。跟身體感官告訴你的不同，這世上沒有輸家。時空叢林裡沒有「壞事」，當你站得夠遠，你就能看見每個人透過各種情況學習並成長，**每一世**人生皆是如此。

這完全不表示幻相裡發生的那些可怕、難以寬恕的事是對的、合理的，或是可置之不理。這些事製造巨大的情緒探險，因此極為重要。這是「戲劇化事件和創傷」與「真實」之間的分別，而這個分別應該維持，好讓我們能正確看待事情、了解來龍去脈、保持理性，使你的探險充滿最大的喜悅。

對，這確實很酷，只不過有件事：壞人依舊橫行！

先別急。你確實活在夢境的世界，每個罪大惡極的行為與醜惡犯行，從長遠來看，都會消融於虛無；你的探險是發生在一個所有人（侵害與被侵害者）都一定會「獲勝」的世界，但侵害者仍須「承擔後果」。由於生命的透明性（你們同為一體），而且**無論發生什麼事**，每個人都能「存活」下來。當你們的失憶症漸漸退去，一切將攤在陽光下！任何人做的任何壞事都無所遁形，沒有人可以開脫。

時間與空間裡的生命很公平，
嚴謹的程度甚至超越火箭科學。

這背後的邏輯相當簡單：地球上發生的每一件事，是因為你或你的鄰居——上帝的火花所創造／感知的。你難道不期待每個人都察覺到，或有能力察覺到每件事嗎？當然會。

這表示所有的罪行或過錯，無論多微小，那些讓你跟無數人在一生中默默受苦的犯罪都會被看見。相反地，你本身那些看似沒人看見的、未被他人欣賞的力量、毅力、犧牲、勇氣、信心、決心和英勇，甚至恐懼、膽怯也會被所有人知道。是的，時間與空間裡的生命很**公平**，嚴謹的程度甚至超越火箭科學。

所有心胸狹窄、暗箭傷人、劈腿、說謊、詐騙的高手，那些

 地球人生

做了壞事似乎也能全身而退（有些真的全身而退），而且人氣跟銀行存款還迅速增加的騙子；這些人都將為自己的每一次蔑視、暗地傷人和詭計負責。

釋懷加倍。

你的真實良善，雖然不一定常被注意到，但終將被**每一個人**看見。包括那些從不相信你的人。他們會發現自己大錯特錯。

因此，的確，**所有的謊言最後都會被揭露**，**所有的**醜事遲早都會曝光。事實上，很抱歉我是那個要告訴你的人，我必須告訴你，此刻的**你沒有任何秘密是不會被大家知道的**（不是現在就是在未來）。提醒你，多數人根本不會在意，因為大家都要忙著處理自己的問題。每一個人，在某種程度上，都過著充滿挑戰的人生，人們會省事抄捷徑，然後跌跌撞撞地學到教訓。每個人這樣的學習也會對全體有利，因為每個人都有同樣的連結，沒有任何經驗會白費。

今天的你無須擔心邪惡或不道德的行為會被放任。沒有人會被永遠愚弄。傷害的行為不會被忽略。任何戰爭或爭端裡的勝利者，讓他們去捏造可笑的歷史書吧，因為對真相沒有影響。那些虛假遲早會化為塵土，只有真相的「化石」才能永垂不朽，留待世人看到。沒有人可以隱瞞真相，或許不是像被侵害者希望得那麼快，但一定會被揭露，以神性的方式，猶如奉神之命。這純粹是你們實相的本質，也因此是地球人生的本質。

這都是真的，不是透過「設計」本身，也不是上天命令的正

義。每個人都只是在學習並盡力而為。每個人都是剪裁自同一塊布料的探險家。每個人都已到了夢想的國度，直到永遠。不過，如果你有必要知道並因此得到安慰的話：你遇到的每一件對你不公義的事，都會被每個相關人知道。每個人的角色，無論是英勇或邪惡，喧囂或神祕，都會被檢驗。每一艘傾斜的船都會被扶正。你們不可能再天真地以為無知是福。你們活在神聖心智裡，這裡永遠沒有無知。

這麼好？有什麼條件嗎？禮物盒裡的炸彈在哪兒？

　　你一直被灌輸的傳統觀念是人生很辛苦，是考驗，而且，上帝很生氣。你從一分為二的二分法裡學習，彷彿這世界有一半是好，一半是壞，有好運有厄運，而每件好事都伴隨著要付出的代價。

　　不是這樣的。你被誤導了。這個世界跟你的生命，都是百分之百的美好！別鬧了，張大眼睛好好看一看。在你所居住的界域——驚人地、神奇地、不可思議地——**沒有任何事**會減損你，而且**每一件事**都使你更加豐富。你看見了嗎？這樣的美好？這樣的完美？這樣的巧思？

　　你對「神」的期待會少於這些嗎？想清楚！**你當然不會啊！**但你是否抱持這樣的想法生活：**沒有任何事**會減損你，而且**每一件事**都使你更加豐富？你是否允許生命為你增添喜悅？你是否

地球人生

在生命中的每一天,都能找到源源不絕的原因來慶祝、感恩,並對陌生人微笑?

是時候放輕鬆了,少一點恐懼,多一點活在當下,用心享受活著的每一個珍貴時刻。此刻發生的一切,都發生在世人共享的**夢境裡**。重點不是發生了什麼事、發生在誰身上、是誰做的,或為什麼發生,而是它發生了,你選擇要如何感受,接下來你選擇要創造什麼?從這些選擇裡學習,體會這些感受,然後決定你的旅程方向。

這些並不表示任何事都會發生在任何人身上。所有的顯化都有意義,都是要讓你更加認識你的力量,以及如何運用力量。你生命中每一秒背後的「為什麼」,都可以歸結到你的思想、信念與期望。因此,隨著你見證你人生的進展,你也會有選擇去看見其中的模式並從中學習。

←——————→

放輕鬆,少一點恐懼,多一點活在當下,
用心享受活著的每一個珍貴時刻。

←——————→

思想是生命裡的唯一變數。**你的**思想是**你的**生命裡的唯一變數,你從無限的可能性當中,選出接下來要發生的事與你將如何在情緒上反應。情緒很棒!情緒教導你!甚至可以說,情緒正是

你現在生活於此的原因。但別忘了，重點不是發生了什麼事，而是它發生了，你引發它的發生，而你要如何反應。透過這些，你知道自己的喜歡和不喜歡，你體驗到情緒的高低起伏，知道自己的喜好與厭惡，而目的是激發**當你「無時無刻，無所不在」時**並不存在的情緒。這是為什麼會有時間、空間、物質、你們、他們、這裡和那裡、有與無。這些原本不重要的差異使你渴望去完整看似不完整的事物，因此你來到這個世上探險，並因此創造**戲劇化的事件**。

在有意圖的創造與無意圖的錯誤創造的過程，你在情緒上體驗了正義和不正義、讚賞、價值、道德、禮儀、尊敬、自尊與人類的愛等概念。這些都在教導你如何聚焦並運用你的感知與觀點。雖然你們認為的不好的事依然會發生，但上帝對你們每個人都有無可動搖的愛，這點就跟時間是幻相一樣絕對。

戲劇化事件是好事，直到它令你不開心。你這時終於知道你不但要改變自己的感受，也要學習不再重複之前的「錯誤」。然後你跳脫「循環」，有著更提升的觀點，你匯集改變的動能，於是開始了螺旋向上的進展。

嗯，我想要有精采的人生。你現在說的都很有道理，但如果你錯了怎麼辦？就算你說的都對好了，你真的確定我不會搞砸一切嗎？

地球人生

你不會因為夜裡做的夢而發火或沮喪，對吧？你不可能真的**搞砸**夢裡的事，對吧？最糟的情況下，你會從夢裡醒來。短暫驚慌後，你會開心地告訴自己：「喔，**謝天謝地**！那只是夢！」**夢裡發生的任何事都不會影響**醒來之後的人生——除了你可能從中學到課題，透過戲劇化事件的模擬情境，應用在未來的情況……嘿！就是這樣！你夜裡的夢能讓醒來之後的「夢」更加豐富，就像實體人生豐富了你的高我一樣。在這些精心創造的過程中，重要的是去做、去參與、去遊戲、去學習、去愛，而這些你不可能**做不到**！

那如果我說我對這些都不在乎呢？何必麻煩？

　　你在乎的！你在問這些問題。你從來沒有停止發問。

　　何必麻煩？因為很好玩啊！承認吧，人生很好玩！

　　舉例來說，儘管最初你很想否認——「不可能！我**絕不會**選擇發生在我身上的某些事！」——但在生命受到威脅時，你依然會拼命捍衛。無論你遭遇過多麼不愉快的事，你還是寧願（不是每次，但大多時候）記得這些經歷並從中成長，而不是把它們永遠抹除。再說，你必須承認，覺得自己**有理**很好玩，對吧？感覺**驕傲**很好玩（以家庭、國家、**自己的人生**為傲），對吧？為了**渴望**而拼命，咬緊牙關，祈求「上天」滿足你生命中最深切的渴求？體會那種能讓你輕飄飄的**喜悅**？感受那種能把你拉進從不曾體

驗過的愛的**悲傷**？感受到強烈的**熱情**，使你想臣服於它，在它的狂喜中忘記自己？

別忘了，訣竅是要學習去處理人生裡的戲劇化事件，好讓它們最大化你的快樂並最小化你的不快樂。你們天生就有操縱物質的能力，你當然可以做得很好！你對人生裡的某件事不滿意嗎？**改變它！**

你不是要忍受不快樂的情緒，而是要改變它們。學習如何去創造、改變、塑造並重塑引發情緒的**幻相**！當你身邊發生的事令你沮喪，這就表示你應該重新調整。當然，短暫的哀傷與悲痛有其價值：它們幫助你了解情緒的全貌，但不要沈溺其中，不要讓這些階段使你看不到此刻你正在行走的、通往天堂的黃金階梯。體會這些感受，然後繼續向前；**改變你的焦點，創造新的情境，找到你的力量。**

這裡傳達的訊息不是「反正什麼事到頭來都不重要，所以何必麻煩？」也不是「什麼事都無所謂，所以不用努力。」或「什麼都不重要，所以不用在乎。」這裡的訊息是，時空的幻相只是幻相，如果你因為被侵犯、感到被不公對待，或因任何令你不快樂的事而感到壓力緊繃，請調整自己，調整你的想法，從而調整你現階段生命裡的幻相。旅程與戲劇化事件都重要，而兩者皆在你的掌控之中。

這很令人不安。戲劇化的事件很重要？我們的詮釋很重要？可

 地球人生

是那些瞬息萬變、縹緲、浮動、經常被壓抑、有時黑暗、難以預料的想法就在我們的腦袋！這怎麼會是一切的核心？

請想想，在時間與空間出現之前，神性智慧就一直無所不在。所以祂從不知道或體會過什麼是分離。祂從不知道告別的悲傷，也不知道重逢的喜悅。不知道未決定前的不確定性，不知道不同的決定所帶來的獨有結果。也就是戲劇性！於是祂，現在，身為你，透過你，知道和感受這些事。

你現在懷疑起人生，只因為那是由無形、不可捉摸的戲劇化事件與詮釋所構成……我沒聽錯吧？但…這樣想會改變任何事嗎？你本來認為物質世界是辛苦、冷漠、具象的，現在你明白一切都是思想的投射。又如何呢？難道說，知道覆水難收的水是具象有形的，會比知道覆水難收只是一場夢更高興嗎？你既已知道自己在學習什麼，你就能翻轉現況，體驗截然不同的感受！

對於生命裡曾令你失望的那些人事不要再難過了，因為「它」不是真的！事實是，物質世界裡有形事物的價值是因為**你賦予**它們的情緒／情感。人生的重點一直都跟情緒有關。如果你能領會：

1. 重要的是你和他人的感受，其他的事只是輔助、道具或理由／托辭。
2. 物質事物是思想形式，因此可被你的思想／心智改

變。

3. 你屬於神、源於神，統治「萬事萬物」的純粹的神，而且你選擇來到這裡。

那你將會：

4. 開始把過程看得比終點重要。
5. 勇敢改變你人生中的某些領域。
6. 知道所有一切一直都是，而且也一直會很棒。

不過，就如你說的，我們既是為了神來體驗和擴展，而隨著人類文明的進步，我們一定會發現愈來愈多重要的科技，這些科技將改善地球生命，使得你現在所說的那些無所謂的事愈來愈重要……對吧？

對亞當跟夏娃來說，蘋果並不重要。它只是伊甸園裡一個用來比喻的道具。這個道具無論是不是虛構的，它就如所有的道具，提供了主角一個做決定的機會。蘋果本身不重要，就像今天你人生中的其他道具一樣，無論你開的是福特老爺車，還是嶄新的勞斯萊斯，它們都是道具罷了，是相對、過渡和短暫的。這些事物來來去去，留下來的是什麼？它們的共同點是什麼？**你**。不是實體的你，而是宣稱是你的那個充滿能量、靈性、永恆的思想

  地球人生

聚合物。

「東西」不重要，除非它能給你機會去做決定，去選擇你要如何行動，還有去了解自己的機會——了解你的力量、神聖、偏好、優點、責任、情緒，以及你神性和永恆的本質。然而，對你今天的人生、課題與愛來說，真正真正重要的「事情」是：

你在這裡。

只要你在情緒上有成長茁壯的「空間」，那麼地球上發生的其他事，包括科技的發展，並不重要。

為了說明得更清楚，讓我們假設你的來世「必須」住在一個非常非常原始的地方。從今天的觀點看來，你可能會因此非常失望和抗拒。「沒有暖氣？沒有空調？沒有社群媒體？**真的嗎？**」

但如果你今生最好的朋友也會在那裡，你過去學到的「愛的課題」和你辛苦獲得的智慧和技能都會從今生延續到來世，而且，你這世沒有顯化的成功與認可很可能會在來生實現——那麼，**你會突然充滿期待！**你會樂意再次喝下孟婆湯，忘記今生的一切或今日世界在科技上的優勢。

幻相並不重要，重要的是它啟動了旅程。

明白嗎？今生尚未完結的戲劇化事件，來世會接續下去。戲

劇化的事件才是重點。你的情緒與感受是真實的。其他不重要。道具會消逝在背景，它們是相對的。無論你是要返回石器時代或甚至去五十萬年後的未來，**在整體的計畫裡，一點都不重要！**重要的是你所有的恐懼、厭惡和愛。重要的是那些無形和觸碰不到的「事物」。至於你的交通工具是太空船還是雷龍，一點也不重要。

今生的經驗應該已經讓你知道，買新車的興奮感消失得比新車的氣味還快。你很快就覺得「就只是輛車」。新房子、新假期、搭乘飛機頭等艙、吃有機食物、新戀人……這些新鮮感都會消失。並不是說這些東西不棒，大部分時候，它們都很棒。這也不表示你不會有強烈的偏好，而且頭等艙是比後方的經濟艙要舒適許多。但跟墜入愛河比起來，這樣的差別卻又是微不足道。如果你起初不知道／不記得它們的存在，那它們也就不重要了。就如今天的你躺在溫暖舒服的被窩時，不會想念光速的太空旅行一樣。

明白我的意思嗎？

生命中的**一切**，事實上通常你認為有所謂的事（往往取決於它會令你不快樂的程度）幾乎**一點也不重要**。譬如當你的空調壞掉，或廉價能源對貧窮國家的重要（要看你住在哪裡）、你在公司的發展、你的專業、你擁有的財富多寡、開的車款、度假地點和度假頻率等等，一點都不重要。

現在是看清眼前真相，減少你對物質依戀和堅持的時候了。

地球人生

不是因為你不可以或不應該擁有它們。你應該，而且也能擁有！當你向內心並形而上地「努力」，你就能輕易擁有它們！而是因為它們是那麼地不重要，更不用說它們只是幻相，**你不該讓它們減損你的快樂。**

幻相並不重要，重要的是它啟動了旅程。無論你居住在哪個時代，基本上都是一樣的。無論你是從一個貧脊的貧窮星球，還是舒適的豐盛星球開始你的旅程，真正重要的是那裡有你想要的「追求」，有你想要的事物。你因此很快就踏上你獨一無二的情緒旅程。正因如此，你想要成為你。正因如此，神想要成為你。

所以我們應該捨棄科技？像阿米希人（Amish）那樣？

沒有「應該」，只有「要是⋯會怎樣」。這就是你們來到這裡的原因。你的人生就是最大的「要是⋯會怎樣」。科技本身是中立的，直到你們決定它的好壞或直到你們選擇追求並／或利用科技來獲取自己的利益或造成危害時，它才有好壞之分。這裡的重點在於當機器、發明與創意被託付給你們，你們便要對自己的力量與科技的使用負起責任。

你的「要是⋯會怎樣」可能包括親子間的感情、手足和家庭親情。社區合作。社交互動。耐心、創意、自我成長、自我發現、對自己的愛。這些都是生命的活力和精髓。在基本的物質，像是家庭、食物與舒適環境之外，其他一切仍能提供我們情緒上的

體驗。無論人類是用打火機生火還是鑽木取火，其實都不重要，對吧？無論是線上教學，或是只有黑板的校舍，其實都不重要。無論如何，你都會被父母生下，在社會裡成長，偶爾做些丟臉的事，漸漸了解自己的力量與責任，自力更生，努力生活，做自己，以自己為榮，學習愛自己。今生無法完成，來世繼續努力。因為貪心或愚蠢而把世界炸毀了，沒關係，你們可以再夢出一個新世界。

沒有什麼是命中註定，一切都是自由意志。每一世人生都因為你的思想而充滿變數，包括什麼時候第一次墜入愛河，以及你們的文明會用哪樣技術去處理吃力的工作。第一次很重要，第二次的重要程度則取決於它對第一次的幫助。

別忘了：科技只在它對人類的情緒旅程有幫助才是重要的。當然，科技愈多會帶來更多樂趣。樂趣極為重要。但如果在你追求更多樂趣，或甚至更多生活必需品的同時，你無謂地犧牲健康、友誼和愛，搞錯了重要順序，那你就真的很可能把事情搞砸。

事實上，在你們出現之前，許許多多「消失的」文明都曾經搞砸過。他們以進步之名不顧後果地往前衝，忘了進步的真實價值，也失去了他們最珍惜的東西。

透過回顧過去，看到世界各地早期文明所留下的證據，以及他們對自然環境的掌握，也同時看到他們今天在世界舞台缺席的事實，你們可以理解是哪裡出了錯，然後由他們的愚蠢學習，做出更理想的科技選擇，並造福地球上的所有生命。

 地球人生

所以，基本上……我們又回到為了學到真相，必須先相信謊言？

很傷感，但就是這樣。不過，想一想：鏡子所反映的你，是謊言嗎？除非你認為它是真的、獨立於你的存在，並把它當成生活的重心。也就是說，謊言會是建立在最初的誤解上。**只要**理解真相（你做得到，也正在理解），就能看見幻相的本質：幻相反映你的思想、信念與期待。而且令人興奮的是，這不會破壞你的探險，反而使探險更上層樓：一個可以控制的顯化還有深刻的內省。這個探險突然變得多層次了。

你能想像神性智慧在醞釀創造時間與空間的可能時，自言道：「……但真的會有『任何人』（我、我自己）相信幻相是真的嗎？這個詭計會不會太明顯？時間、空間跟物質之間，會不會看起來沒什麼關聯？」這個想法跟沒看過電視連續劇的人一樣，他們可能會好奇觀眾是否在乎、是否相信，或情緒是否會被這種假得一目瞭然的劇情影響……

當然會啊！觀眾知道劇情的分分秒秒皆出自劇本，也知道劇中人是演員，過著與戲劇大相逕庭的人生，但他們依然會沉浸在情緒裡，會偏袒某些角色，放聲大哭，哈哈大笑，好奇地旁觀，彷彿一切都是真的，彷彿劇情與他們有關，彷彿是他們自己的人生！就像此時此刻的你一樣。這是你的人生，但你遠不只於此。你正在慢慢發現你不但是劇中主角，你也是編劇。

是的，連續劇就像時空裡的人生一樣：假的，但扣人心弦！

而就算你漸漸明白這本書分享的內容，就算你知道人生是幻相，就算你知道你是永恆的靈性存在，你還是會每天感受到各種情緒。**程度或比以前輕微**，但依然會是有溫度、情感、有意義的程度。於是，連續劇和地球人生都突然變得真實。不是那種真實的實相，而是它們可以牽動你的心，你因此能從中學習。

幻相裡的人生就像哲學上的靜力肌肉鍛鍊（isometric exercise），不用跑動，所有人雖在原地，但每個人都能貢獻個人與集體的想法，成就一個偉大的全像式作品，使神性心智可以同化並投射到時空裡不變的螢幕上。

請給我爆米花。接下來將會越來越精采！

 地球人生

第四章

從容地生活，
有意識地創造

信仰發揮
怎樣的功能？

這對賺錢來說有
什麼用？

情緒？

尋找浪漫愛情？

直覺？

宇宙何時接手？

我們正被考驗嗎？

這些都是
過程嗎？

我們應該要
學習什麼？

整體而言，我能怎麼做
來引發轉變？

請說得實際一點。

那些沒有變成實物的
思想是怎麼回事？

宗教容易多了：善惡分明，上帝決定一切，把別人的需求放在我的需求之前……被困在揮之不去的罪惡感裡……帶著懷疑禱告……嗯，好吧，宗教沒那麼容易。但你說，我是被愛的？我是神粒子？超自然？堅不可摧？我有能力塑造自己的未來？我可以掌控生命，而不是被生命掌控？

我必須做什麼？生命想從我身上得到什麼？

　　歡迎回家！現在是重新熟悉你的老地盤，地球人生的時候了。是時候複習一下在一個有著支持原理與合作元素的慈愛宇宙裡，如何在你飄浮其上的綠洲從容生活與有意識的創造了。

　　首先，你可能覺得這很明顯：**基於錯誤的原因**，生命並不公平。但**感謝上帝**！運勢無時無刻都站在你這邊，簡直就像你在作弊一樣。還記得「沒有任何事會減損你，每件事都使你更豐富」嗎？現在也請想想，「沒有任何事」與「每件事」絕不會隨機發生在你身上，它們是在你做好準備時所創造出來的。人生跟「你如何承受」無關。當然，你會想隨戲劇化事件情緒起伏，直到終於發現這一切都是自己所創造。在宏觀的計畫裡，沒有承受，只有創造。不只是人生中的每個時刻都使你更加豐富，而且你可以從無窮盡的可能性中選擇這些時刻。**棒呆了！**

　　還有更棒更棒的。你與生俱來、超自然的預設就是繁榮茁壯！你註定會成功！你在每一世人生都**傾向**成功（但每次人生是

96　　　　　　　　　　　　　　　　 地球人生

否成功，完全操之在你），也**註定**會一直如此。

你相信我說的嗎？還是你看到這世界有相反的證據？別再往世界找證據了！**在你自己的人生裡找證據！**你難道沒發現，你成功的機會奇妙地遠遠大過失敗？你想要微笑，不想皺眉？想要健康，不想生病？想要清楚澄明，不想困惑？想要笑，不想要哭？想要富足，而不是匱乏？就好像你的正面想法比負面想法強大一萬倍，因為它們符合你的真實命運：屬於神、源於神、為了神。你是來盡情體驗生命的。與此相反的想法是虛假的，也因此比符合真相的想法與陳述更難顯化，因為它們跟你此時此刻的人生之所以發生的原因相違背。

不是人生選擇你，是你選擇了人生。記得，你比人生更早出現！跟普遍的想法與宗教觀念相反的是，人生的假設題並不是「生命想從我身上得到什麼？」而是「**我想從生命裡得到什麼？**」你的答案會隨時間改變。答案不會只有一個，也不會有任何答案是錯誤的。每一次你回答，你的探險就會展開，而每當你主動出擊，爭取想要的東西，你的想法就有可能強化、加速與實現！世界是牡蠣，而你是養殖牡蠣的人。這就是你與生俱來的能力。地球的存在，就是為了讓你和地球居民都能實現目標。

請說得實際一點。

雖然你想要改變的目標通常是外在的有形世界，但訣竅在於

你必須從內心開始。

你早上起床，走到浴室的水槽前刮鬍子（或化妝）的時候，會把刮鬍膏抹在鏡中人的臉上嗎？還是把眼線畫在你面前的鏡子上？當然不會。為什麼？因為**那只是反射。映照出的影像。**因此，你要先改變反射的源頭，改變才會反映在反射上。

在有形的幻相世界也是同樣道理。你不需要計畫周全，也不需要管理或操控舞台上的道具，不必決定完美的行銷與財務規劃，雖然看來這些似乎是你做的事。你不用在對的時機認識對的人才能有對的工作。這些都是你先前透過思想、信念與期待在你心裡所創造出的世界的反映。

創造改變可以總歸到你所**知道**的真相，尤其是在靈性、形而上層面。如果你想改變命運、增進健康，或者從事創意、有成就感的工作，請回到內心。在你的想法裡看到它。抱著輕鬆好玩的心情，猶如進入一個假想世界（確實就是如此），觀想你已經身處其中。這些在你腦海裡的畫面／心智影像，也就是你的思想，它們創造出能讓時間、空間與物質元素快速填滿的模具，只要你隨後走入世界積極參與人生，你就很容易遇到生命中所謂的巧合、開心的意外和緣份。不要執著或堅持，你可以細心而輕鬆地：

1. 規劃流程：打幾通電話、召開會議、把想法寫成文字、看書、上課，或取得證照。
2. 思考、研究、檢視可能的合作夥伴、行銷策略、財務

地球人生

方案，以及其他可能為你帶來成功的相關議題。

3. 使用你可用的資源，在現在的位置上盡力而為，無論資源看來多不足。

知道形而上的真理會使你邁向成功的路途更有樂趣、更簡單、更有效，但不要因此把它當成不再探索各種可能性的藉口。

透過進入內在，你設計並召喚生命的神奇魔力。你不用設計夢想要「如何」實現，你的願望會令神性智慧為你規劃。你只要決定並且清楚知道自己尋求的**結果**，你所渴望的最終結果。在你決定的那刻，神性智慧就已知道每一種可能的「方式」，就像你一旦把目的地輸入 GPS 導航系統，它立刻就知道要「如何」為你帶路。然而，夢想「如何」實現會隨著你的成長與進化不斷改變，也會隨地球上七十億人的成長與進化而變化。話說回來，在任何一個時刻，你都可以走最短、最快速、最容易，也最快樂的路徑去實現你最大的渴望，而且必要路徑也會機動產生。

取決於你對「方式」的堅持程度，它們也有可能會是無用的方法。因為如果你越堅持某種特定方式，你不但會覺得身上扛了全世界的重量，也因為你排除了其他可能性，反而限縮了生命的神奇找到你的方式。

在現實生活中，由於「方式」會不斷隨著你跟每個人變化，你就是**不能**堅持你的夢想非要用某種方式（或人，或時間）實現。但**你可以**堅持擁有夢想中的精采人生，它會配合你其他的想法與

夢想，以它自己的方式、人物與時間達成。

　　透過實際的行動（也就是**過你的生活，在世上做你該做的事**），你的人生就能依照你的新想法，產生新的結果。比喻上說來，當你啟動裝有導航系統的車子，你就在創造可能性與所謂的奇蹟。

顯化的神奇機制（你個人專屬的 GPS 導航系統）

1. **把你想去的目的地，也就是你的最終結果（你希望的結果）輸入「系統」。**它知道你目前的位置，只要告訴它你想去的地方，它就會計算出每條可行的道路、速限與路況，也就是「方式」，然後選出能讓你最快速也最開心抵達的那條路。

2. **採取行動，走進世界。**打好排檔，因為要是車子沒有打檔，導航系統就**無法**幫上你！對吧？就算你後座放了願景板，也是徒然。如果你的車子或你的人生打的是停車檔，那就誰也幫不了你，因為這中間有很大的矛盾：你雖有目的地，但你拒絕移動！

3. **進展的神奇幾乎都是無形的，但這不表示它們並未發生！**不要單憑身體感官去判斷進展，因為感官的設計原本就不是用來洞察生命的神奇如何運作。這表示你必須憑藉信心出發。當你真正明白導航系統如何運作，知道你是活在一

地球人生

個安全與充滿愛的世界裡，你就會漸漸充滿信心。

　　上述這些是**所有顯化**，有形與無形，都要經歷的一般步驟，不論是組織一個家或一個擁抱。說來奇怪，你看過任何跡象顯示有來自宇宙或上帝的審判嗎？決定誰在何時何地得到什麼？沒有。必須要通過的考驗？必須要學會的課題？必須做的犧牲？必須付出的代價？都沒有。

　　之所以如此，當然，是因為前面提過的永恆不變的法則。在這套法則底下，沒有彈性或放水的空間。你的想法成為實相，成為你人生中的具體事物**和事件**

那尚未變成實相的想法呢？

　　你過去有些想法還沒有成為事實，是因為你的其他想法已獲實現。唯一能夠阻擋一個想法實現，就是**另一個想法**。因此，與所說的渴望有衝突的想法或強烈恐懼，無論是出於有意或無心，都能夠阻擋其他想法的實現。是「能夠」，而不是絕對的「一定會」。因為正如你可能會有意識上未察覺的衝突想法，你也很可能有你意識上不知道，卻可提供助力的想法，而它強大到能把你說出的渴望或懼怕的事成為現實。

　　例如，有些人夢想擠進企業的最高層。他們全心全意想達成目標，而且理由非常「正當」：讓家人過得更好。他們想要位在

角落的那間大辦公室。他們在腦海裡想像自己位高權重，運籌帷幄。然而，如果這個人每天下班回到家就說：「老婆，公司裡沒人知道我的潛力有多大。老婆，公司裡沒人知道我的能力有多強。」這類想法也會發揮作用，就像所有的想法一樣，努力成為思想者的人生實相。因此，認為自己懷才不遇的人**真的變成懷才不遇**。如果你也想爬到企業的最高層，一定不會希望自己如此。

只因為你不一定總是得到你最想要的，不表示你的想法不會都實現。有些想法尚未成為現實，是因為你的其他想法已經成真，而它們產生了妨礙的作用。

要是你現在覺得自己很容易受到錯誤、負面或恐懼的想法影響，別擔心。記得，你是傾向成功的！你是古老、跨星際、愛與喜悅的戰士，你之所以來到這裡，是為了發揮創造力讓生命閃耀發光。記得，你的正面思想遠比負面思想強大。因此，當你感到害怕、孤獨、迷失、困惑、憤怒、怨懟、負面或恐懼時，請盡力去理解這些情緒，然後排除它們。此外，不要因為你在擔憂而擔憂。你並不脆弱。你會繼續讓生命發光，就像一直以來的那樣，無論表面上看來如何。

那些我從未想過的事發生了，這又是怎麼回事？

每當你希望生命裡增加什麼，譬如金錢和富足、朋友和歡笑，或想減少某個東西，譬如熱量或卡債，透過你的想法，你事

地球人生

實上是在委託整個宇宙帶來改變。也可以說，你是從時空裡的甲地出發，想前往乙地。要實現這樣的旅程通常只有一個方法，那就是讓你對乙地的想法帶引你通過你**未曾想過**的區域，前提是你的「車子已打好排檔」，預備啟動。

這不表示**任何事**都可能在旅程中發生。在你所有旅程中發生的每一件事，向來都取決並基於你對人生、人們、快樂等等的**其他想法**。然而，如果你想在生命中引發某個改變，你便是在委託宇宙帶領你從甲地（你的起點）前往乙地（你**所想**的地方），而在這過程中，你將通過許多沒想過的區域。

◆━━━━━━◆

上帝不給任何人任何東西！你在這裡是要學習自給自足。

◆━━━━━━◆

比如說，你為了去新朋友家連續開了好幾個小時的車，在你的旅程中，你並不知道在公路收費站看到的會是笑臉或苦瓜臉。你不知道將在哪裡停車加油，或在哪裡休息、吃點東西。出發前，你不知道哪個路段可能在施工，使得你不得不繞路。然而路途中的每一個經驗，都是前往朋友家，也就是**你心裡想的地方**的必經過程。

人生也是一樣。每當出乎意料的情況出現在你的路上，每當你遇到未曾想過的事，不論是好是壞或是什麼，這些**向來是**旅程

中的踏腳石，讓你更靠近你**一直**在想的那個地方。

等等，你剛才說考驗並不存在？我以為人生是由考驗組成的。就算不是為了最後的審判，也是為了讓我們做好準備，以便迎接即將發生的任何事。

你為什麼會被考驗？有什麼好處嗎？這麼說就**好像**你很可能會被丟下？**好像**在一堂教導沒有真正「高」和「低」之分的課堂上，你會被評上高或低的分數？**好像**神性智慧並非無所不知？**好像**你不是一個以良善為動力的愛的存在？**好像**身為神粒子的你無法擁有你想擁有的東西？你在這裡並不是為了前往其他地方，這裡就是你的目的地！

你沒有被考驗。從來就沒有。這又是一個剝奪力量的觀念，包括看似有益的「上帝絕不會給你超過你能承受的事。」的說法。**上帝不給任何人任何東西！**你在這裡是要學習自給自足。這才是這個遊戲的重點。然而當你遇到出乎意料的事情，你認為不可能是來自你的想法，所以它必定是個「考驗」，於是你的力量不見了。

你體驗到的每一件事，**一直**是內在能量的作用（內在能量勝過思想、信念與期待）。因此當內在能量困惑，這個混亂便會造成顯化的不完全（這還是最好的情況）。其次，別以為你無法應付這樣的事。**你是堅不可摧的。**你如果愈不欣賞自己，愈不尊重

地球人生

自己，無視你恢宏的本質，就會愈發覺得世人看不到你的價值，你的處境也會更辛苦。但你仍是永恆的。沒有任何東西能削弱你真正的內在光輝。你無法迴避你的創造力量。

發揮你的創造力並為你的力量負責，你終將擺脫所有令人不快的事。

那「課題」又怎麼說？我們不是來學習的嗎？

是的，但你們只學習能幫助你們擴大格局、更有效益、活得更久的事，而且前提是你想要。沒有什麼你「非學不可」的課題，而是有很多你想學習的；你學習的渴望與熱情不亞於想買新車或夢想的房子，甚至更熱切。為什麼？為了體驗從容地生活、有意識地愛的狂喜人生，而且知道一切都無比得好！在配合你想擁有的人生與經驗的前提下，不論你學習的是耐心、愛或其他明顯的美德，學得越多，你就會成為更有力量和有意圖的創造者。這些課題能使你更快得到夢想的新車、房子、溫暖的擁抱，還有許多許多，包括愛、健康與幸福等等更為深刻的體驗。

此外，你現在的人生、父母、出生地與其他既定條件並不是隨機產生。每個人一直都是為了更有機會學到想學的課題而選擇每一世的參數。

很棒吧！人生，你的人生是一場「刻意的安排」。而且安排的人就是你！你也許不明白別人為什麼做那樣的選擇，甚至不記

得自己為什麼選擇這樣的人生，尤其在遇到困難時，沒有關係。因為你可以放心，你和他們都在實現目標，這就是這個被操縱的遊戲的完美之處。

回到前面一下，我以為我們必須先改變的是信念，而不是思想？你應該說「信念成為實物」才對吧？

　　你的信念**確實**無所不能，但不是因為信念凌駕你的思想，而是因為從一開始就是信念讓你往某些方向思考，而它也能妨礙你的思考方向。換言之，你的信念對你所創造的一切非常關鍵，**因為你的思想成為實物**，而正是你的信念規範了你想什麼，還有你將會想些什麼。

　　你的信念以你自身沒有覺察到的先入為主的成見**詮釋**你所見，然後**決定你要如何以思想、話語和行動對所見做出回應**。我們可以把信念比喻為墨鏡，它過濾你所有的經驗。你有時甚至會忘了自己「戴著」墨鏡。但信念通常無法像墨鏡一樣就那麼輕鬆摘下。也就是說，一般而言，**除了你現在眼中所見，你並不知道生命還可能有的其他樣貌**。我的意思是：「這真是你看過最美的日出？……還是我又忘了摘掉抗藍光眼鏡？」

 地球人生

$\longleftrightarrow$

你不必知道那些看不見的、限制你的信念是什麼，

也能放下它們。

$\longleftrightarrow$

　　有些信念顯然對你有幫助，有些則會造成阻礙。許多人徒勞無功地尋找他們以為自己一定有的那些看不見的、受限的、自我傷害的信念。但是，只因為你沒有達到你夢想的進展，並不表示是信念造成。也許原因在於你的優先順序？也許你沒有採取足夠的行動？也許並沒有什麼問題，而你希望的結果在幾天後就會顯化？然而，現在相信自己有著受限信念的人，就算沒有，也有可能因為這麼相信而創造出限制自己的信念！你不用變成那樣。

校準與建立新信念

　　有一種更簡單也更安全的變通之道，只需要兩個步驟：

1. 列出能支持你，對你和你的夢想有幫助的信念，越多越好，然後，
2. 每天的行為舉止依循這些信念；就好像它們真的是你的信念。

列出**你想要的**信念容易許多，也明智許多，其中有些也許是你早就有的，而不是去宣稱**你不想要的**信念；有些可能根本不是你的，卻因你的宣稱而真的成了你的信念。

這個建立新信念的方式是有效的，**即使**有些信念互相矛盾或不同。甚至信念的主人不知道自己擁有受限信念也沒關係。你不必知道那些看不見的、限制你的信念是什麼，也能放下它們。隨著你列出你想要的信念，並且行為遵循這些信念，你就會開始體驗到充滿力量的新生活，而過去那些你沒有覺察到的老舊信念將不再合理，也因此被遺忘。

那我們的情緒跟直覺呢？它們也是想法，對吧？在創造的過程中，它們是出現在一開始，最後，還是中間？

你的各種情緒，從快樂到悲傷，都是你對發生在人生事件的反應。先有事件的顯化，才有情緒。而直覺和預感這類感受是出自本能，有時它們甚至會事先告知或證實與你相關的世界正在發生或即將發生的事。它們是在顯化前與／或顯化期間出現。

你的情緒

你對世上所發生事情的情緒反應，很大程度的反映了你的信念，那些不是那麼正面的情緒尤其重要。這表示**一旦被刺激**，你

那些看不見的、限制性的信念就沒有那麼難以察覺。這並不是要你去尋找限制你的無形信念，而是當你發現自己情緒不舒服時，你可以選擇用內在眼睛和更高的觀點去了解，你就能減輕，譬如說，因心碎而有的悲傷；透過正確看到你的存在意義無法被任何關係決定，而一旦你開始人生的新頁，就會有無數戀愛與探險機會在等待你。

透過自己的情緒，你能夠知道人世幻相最蠱惑和誤導你的地方，你也因此知道要在哪裡做出改變。

你的直覺

預感、直覺、自發性的知曉，這些事實上都是「來自上天的禮物」。有時它們會自動出現，有時你要刻意召喚。它們代表你與宇宙有著無形連結，而且是永遠、即時，從不中斷的連結。

它們是你一直被教導不要相信的第六感，但你仍會因這樣的直覺豎起寒毛，起雞皮疙瘩，或是知道眼前這位你一見面就感到深深被理解的人是「前世友人」。信不信由你，你的第六感幾乎是全年無休地在運作，不論是透過溫暖而詼諧、冰冷而嚇人或快速而猛烈的洞見向你傳遞訊息。

如果你想迅速豐富你的人生旅程，現在就是透過練習來學習直覺語言的時候。回到內在。找到平靜。提出問題。**感受答案。**說出來。

慈愛和協力的宇宙何時會出現指引我們並帶來快樂？

首先，「宇宙」是個廣被接受的比喻，用來代表一個靈性、非宗教的上帝。這滿酷的。畢竟，宗教需要心靈，而心靈不需要宗教。「宇宙」被視為沒有條件的慈愛本質，祂溺愛和贊同「祂的」每一個孩子。這個「宇宙」似乎不單避免做任何形式的負面批判，相信祂的人也認為祂熱切地為每個人努力：為你打算、籌劃、校準，甚至為你夢想你一直以來的夢想。宇宙如此孜孜不倦，相信宇宙的人如此有耐心，當他們對生命感到失望時，他們的反應是：「宇宙有祂自己的時間表」或「宇宙必定為我做了更好的安排。」

很好。溫暖又溫馨。慈悲又寬容。充滿愛與支持。這個「宇宙」確實比易怒、沒耐心、善妒的「上帝」更接近真相。但是，對有直覺力和邏輯理性的生命探險家來說，在更仔細檢視後，甚至這個新形象也顯得有些「偏離」。

譬如，請思考以下的意義：

- 任何一種批判，無論是負面或正面，不都是限制與排他？
- 人類是怎麼了，為什麼少了「宇宙」就如此無用？
- 如果「宇宙」隨時都在觀看，那麼你是誰，你是什麼？娛樂節目嗎？

 地球人生

- 你那次陷入困境時，「宇宙」在哪裡？

除非，說不定，這些關於「宇宙」的想法幾乎都是錯的……對極了！

那現在怎麼辦？！沒有生氣的上帝，也沒有熱情的宇宙？

你可能又會感到可怕了。因為，你漸漸發現真相意味著：

- 你確實是特別的，就跟每個人一樣特別。
  可惡！這表示你完全沒有被偏愛！
- 宇宙不能也不會為你活你的人生。
  喔喔！這表示你不如靠自己！
- 每個人都有平等的機會去實現他們自己的，或你的願望。
  換言之，你並未擁有超自然的優勢！

真讓人傷心！崩潰！騙人！

幸好，讓我們回到先前的涵義，但這次透過真相的濾鏡檢視，**請打小鼓**……

- **宇宙雖然不評斷，並不代表祂沒有立場。**

- 成長苗壯是你的自然狀態。正面思想遠比負面思想更有力量。
- 在幻相中，每個人都不虞匱乏。
- 因為你的永恆本質，所以成功是確定的。
- 你不需要「宇宙」，你就是「宇宙」。

所以，**基於上述不曾給過的原因**，不是那個回應禱告的傳統**上帝**，也不是偏愛你的「新派」宇宙，但你現在夢想擁有、夢想做到或成為的目標都一定會實現，或是更好。這個「或是更好」，不只是因為**確實**有比你能想像得更棒的事，也因為有時沒有如願以償反而更好，**如果這跟你的其他渴望一致**的話。在這樣的情況，沒有得到你想要的，反而能讓你得到你**真正**想要的！只是你當時並不知道那才是你要的；你想先有阻撓，以便把情況好好想清楚，確定你最後將不回頭地、**永遠地**全面前進。

無論聽起來有多怪異（**是很怪異**），這都是內建的神奇力量，為的是確定沒有人會被困在平庸裡或停滯不前。同時，這也不表示你只能被動接受你不確定自己是否想要的東西。隨著你在人生旅程變得更有智慧和快樂，這些**例外**會迅速從經驗中徹底消失。

←——————→

你身體裡的每一顆細胞與原子都是神聖、充滿生氣，
你是神聖、充滿生氣的，住在一個神聖、充滿生氣的行星上。

←——————→

地球人生

因此我們可以這麼說，雖然聽起來非常新時代，但這句話真切無比：宇宙是你最大的共同創造者。祂為你喝采，為你加油，你在人生中跨出的每一步，都有祂的愛相伴。祂渴望你過得開心、充實。毫無疑問，人生的安排之所以對你有利，都是因為祂的關係。

　　不，祂不能也不會跳過你的思想與信念，代替你操控這些安排。這樣是侵害你的自由，偷走你的力量，破壞你的責任，否定了你和「宇宙」選擇在這個時空生活的理由。但身為宇宙的你，你就是最初創造時空叢林的無畏探險家之一，所有滿足你的意圖與意義的元素都在這裡。你把它們放在這裡，主要目的就是讓你的地球人生成長茁壯。

如果這些都是真的，我現在不是應該富有了嗎？

　　你現在**確實**富有！張開眼睛看清楚。你身體裡的每一顆細胞跟原子都是神聖、充滿生氣，你是神聖、充滿生氣的，住在一個神聖、充滿生氣的行星上。對任何人來說，匱乏、疾病與爭端都不是正常的狀態。它們只是受限、恐懼和／或矛盾思想的副產品，除非出生時就已如此選擇。若是如此，他們帶有的天賦會很不明顯和複雜。

　　地球的上下四周有著和諧共存的無數生物，這裡充滿智慧的生命：有動物界、植物界，以及像你這樣的探險家。地球草木豐

盛，充滿多樣性，她有絢爛的色彩、景觀、結構與聲音；從平原到高山、海岸到海底、山谷到冰河到沙漠，處處都是迷人風光；還有令人屏息的日出日落、下雪、降雨、高高的雲朵、清澈的藍天。這些都是神性的綻放，不是行星與物種的衰落。每個時刻都來自超級有愛、不斷成長，並與萬物連結和歡慶的神性智慧。

你開始明白你在創造實相的方程式裡扮演怎樣的角色嗎？你明白你就是創造者？你是神聖的，而你就是所有體驗的核心？你漸漸明白你是所有元素臣服的對象？你是為探索而生並註定成功？你是超自然的？你來此繼承天國？你明白你是迷路的回頭浪子，你們設計了現在正揚升進入光的過程，你們也將領悟到你們恢宏與永恆本質的真相？

知道嗎？

但這些在情感關係裡如何作用？靈魂伴侶存在嗎？

這些在感情關係裡具有神奇的作用，前提是你不堅持要求**特定的**對象一定要有**特定的**行為，因為這會慢慢變成控制。你想活在一個行為與情感都被迫符合他人的思想、信念與期待的世界嗎？你應該創造能讓夢想中的伴侶進入你的生活的空間。你可以在心裡描繪他們，想像你們在一起的樂趣和歡笑，旅遊和驚喜，想像你們共同看重的事物。先讓自己是單身的狀態，不要著急，讓對的人在對的時機出現。當你堅持非要某人不可，你也就排除

地球人生

了其他的候選人。

　　如果你身邊已經有伴侶，希望這段感情更深刻，雙方更欣賞和珍惜彼此，請想像一段更深刻、更互相珍惜的情感，但不要堅持一定是目前的伴侶。別擔心，這不是判他們出局，而是他們必須提升並符合你的想像，不然的話……。這也表示你對協力合作的宇宙發出了新的振頻，你告訴祂你已經提高標準，是好好跳雙人舞的時候了。

　　需要一個命中註定的靈魂伴侶來完整你的生命的觀念，通常是一個被誤導的浪漫企圖，目的是符合這個幻相裡的二分法。如果你這生是男性，你必須找到一位特定的女性伴侶才能平衡，反之亦然。無論如何，它都暗示「世上」有一個最適合你的伴侶，就像是「上帝」早已安排好似的，其他追求者皆相形見絀。事實是，在你過去的人世，你曾是男性也曾是女性，你有不同的性取向。而在任何一世，你都同時擁有男性與女性的能量。你的身體無法限制你的心靈。無論你是什麼性別，你本來就是完整的。這不表示你的人生旅程不能或不會因其他人而變得更好：譬如伴侶、家人、朋友等等。但你絕不會因為少了任何人就不完整。

　　毫無疑問地，在大多數人的生活，隔一段時間就會出現一個七十億人之中最適合自己的人。跟這個人在一起，會比單身更快樂，也學到更多。但隨著年歲變化，這個人不一定永遠是同一個人！以這個定義來看，你很可能在一世人生會有多個靈魂伴侶。有的靈魂伴侶會因你漸漸成長成熟而跟不上或不適合你，有些則

是你跟不上他們。而有時候，沒有伴侶，你反而有更多樂趣並學到更多。

要知道的事好像有一大堆？！

別害怕。想想今天世上的成功人士，無論是在情感、金錢或任何方面，他們大都對這些靈性原則與真相一無所知或忽略。人類擁有太空站、DNA 技術、可讓任何人互相通話的跨行星通話系統，這些都是在逃避靈性真相的情況下發展出來的，無論是因為害怕那個不存在的憤怒上帝，還是認為生命只是隨機發生的意外。驚人吧！但你們依然活得很好。

你能否想像，如果地球上的人類知道自己擁有神性，地球人生會是如何？當地球住民知道生命的神聖？知道人類就是神？那會是**無法想像地**不同於現在。**無法想像地精采！**

不過，還是請你試著想像一下，當每個人都知道彼此之間的連結與自己的成功傾向，人類的教育、政治、社會、經濟與醫療系統會是如何。想像一下未來的搖滾明星、運動員、銀行家、醫生、會計師跟律師都非常熟悉自己的神性，因為他們知道自己是誰、是什麼，宇宙是誰、是什麼，他們知道自己思想的強大，知道他們可以控制信念、情緒與直覺來找到方向，以及知道如何謹慎使用生命裡的支援原則來大幅改變自己的旅程，並且幫助別人改變他們的旅程。想像一下地球上的喜悅、愛與和平。令人興

地球人生

奮，對吧？因為那將與今天的世界大相逕庭，你甚至難以清楚看見。但沒關係。

第五章

如何擴大格局，更有效益，活得更久

最有效的想像方式是什麼？

為什麼這一切如此合理？

為什麼我認識那麼多很會做夢，卻沒有實現夢想的人？

如果思想能變成實物，我們必須採取哪些行動去實現夢想？

天使會幫忙嗎？

我如何設定我的「GPS」並且「打好排檔」？

命中註定？

奇蹟？

命運？

運氣？

我就是無法停止擔心，怎麼辦？

我如何「採取行動」，卻又不去擔心那些「註定無用的方法」？

我們可以信賴你說的這些嗎？

我想知道這一切為什麼如此合理。我想相信這個觀念。我想加入。

　　你已經加入了，每個人都是，它就內建在你的靈性DNA裡，是你的一部分。問題出在你一直被灌輸矛盾的、錯誤的觀念，例如「人生很苦，人類很壞，上帝很生氣」，以致於你懷疑自己的想法是否正確。幸好，沒有人會徹底失去只有真相才能帶來的那種感受，就像眼球不會褪色一樣。憶起真相，就像憶起一位遺忘已久的朋友。那就像溫暖的擁抱，舒服又安心，一種似曾相識的熟悉感。只有最巨大的恐懼或最頑固的傲慢才會讓你遠離真相，但影響也只是暫時。譬如，你一定經常聽到這句話：「小心你許的願，因為很可能成真。」就算你會告訴別人：「你不可能期待每個願望都成真」，你依然能感受到這句古老格言代表一種被遺忘的力量。確實如此。

　　你也聽過並深信正面思考的力量，以及創意觀想的技巧，兩者都是頂尖運動員會使用的方法。

　　這些老生常談與你跟每個人產生共鳴，超越國籍和文化，因為你們天生就有能力去感受生命中所有事情的真相，早在描述真相的文字出現之前，也早在試驗證明之前。

　　真相存在，真相是絕對的、仁慈的、友善的，最重要的是，真相是可知的。直覺上，**你知道**你是充滿力量、有價值，有資格實現心中的每一個渴望。直覺上，你知道你是神聖、恢宏、靈性

  地球人生

的存在。對你來說，沒有不可能的事。出於直覺，你的內心深處知道這些老生常談都是有意義的，因為你的內心深處知道並見證過**心想事成。**

心想事成。思想變成實物。不是偶爾如此，而是一直如此。不只是你的正面想法，也包括別人的正面想法。這是不變的定律，跟重力一樣真實、可預料，而且非常可靠。事實上，沒有人曾終止過它。

但這不是壞事！這超棒，因為這些是**你的**想法。每一天的每一刻，你都可以選擇自己要想些什麼。基於這個原則，你想像的任何事幾乎都可以實現，而且不限實體的東西。你也可以想像擁有更多愛、更多喜悅和更多歡笑。

我們該怎麼做呢？思想是如何變成實物？

當你晚上入睡，夢裡出現的人物、地方或情況是真實的嗎？還是只是想法？沒錯，很難回答。或許對做夢的人來說，因為這些人物、地方或情況讓他們滿頭大汗、心跳加速並出現其他身體反應，所以它們**無比真實**。但是，友善的旁觀者可能只看到你一邊做夢一邊翻來覆去，在他們眼裡，這些人物、地方與情況都只是你的想像，純粹只是想法。

宇宙大爆炸之後，「上帝的」意念／想法變成整個宇宙，
但是……看看現在在思考的人是誰，各位。

　　所以，夢境是真實的？還是只是意念？答案是「兩者皆是」。任何夢境裡的人物、地方與情況，是真實的，**也是**意念。為什麼只能選其中一種？科學家不是已經證明物質不是固態，而是不斷旋動和有組織的能量嗎？你為什麼認為真實的東西就一定是有形的呢？為什麼認為意念或想法**只是你的想像**，而不是真實的呢？科學家也已偵測到思想具有某程度的能量，他們很快就能有更多證明。

　　我們也能從這場叫做「**此時此地**」的夢境獲得相同的見解。只不過，這場夢可比喻為「神」做的夢（確實如此）……而現在，神正緩慢地，但必然要從半夢中的倦睏、困惑和昏沉中醒來，以曾經活過、正在活著與即將出生的男女老幼的身分，在人類**內在**，在這個夢裡醒來。別忘了，棒子已經交接下去。作為神粒子的你們正延續這場夢境。神一如過往，以自動駕駛的方式維持這場夢境。但隨著你的覺醒，你發現自己能夠選擇想法，而且你的想法可以很容易就影響你自己地球人生的未來。因此，你今天的選擇正為你的人生夢境提供養分；一直都是如此，只是你並未察覺。

  地球人生

宇宙大爆炸之後，「上帝的」意念／**想法變成整個宇宙**，但是……看看現在在思考的人是誰，各位。你們個別，也集體地把物質串流到空間。你們把注意力放在哪裡，能量就流向那個地方，世界於焉誕生。**就像夜裡做的夢一樣。**

在全球層面來說，人類的思想會創造大規模事件。例如股市的漲跌，房地產價格的升降。這些事件都是直接或間接的想法和恐懼，以集體規模共同顯化出來。就如個體透過思想創造自己的人生，同樣地，家庭、社區、城市、國家或文明，也會透過思想創造它們自己的環境。這一點在前面提到氣候時已討論過。

可是這個說法似乎過於簡化。講得好像每個人都有一樣的起點。不是的。絕對不一樣。人與人之間天差地遠。不可能有個全體適用的答案能夠回答誰會在何時得到什麼，又是為什麼。

全體適用的答案存在，也一定存在，否則沒有事物會和諧一致。你的假設需要重新檢視；你相信傳統的**每個人只能活一次**的觀念，對吧？這想法偷偷溜進你的腦袋。請後退，重新設定後再向前。

你為生命設定了許多不同的參數，為了這些不同的體驗，你會一次次地返回人世，直到學完你選擇的每一個課題為止。無論如何，當在地球時，每個人都適用同樣的規則：思想變成實物。唯一的變數是**你**和你選擇的想法，而不是構成物質的原則。

人們之間的差異，他們的行為與成敗，都可歸結到他們的思想。擁有類似經驗的人只有一個共同點，那就是他們的想法。譬如說，讓一個人致富的因素是什麼？他們都是白人？都是基督徒？都很高？都很矮？都很瘦？都很胖？都來自遠東、近東或西方世界？都是道德高尚的好人？都是壞蛋？都是商學碩士？都長得很好看？還是不怎麼樣？到底、到底、到底是什麼因素？**那就開口問吧！**

唯一的變數是你和你選擇的想法，而不是構成物質的原則。

答案也許就像他們駕駛的勞斯萊斯一樣一目瞭然，**但你必須開口問！**

嗯……他們都有很高的智商或情商嗎？**絕對不是**。看看那些富可敵國的人就知道！他們幾乎都不是最聰明的人。

那到底是什麼？……除了有現金之外，他們的共通點到底是什麼？

他們都相信自己可以致富。他們都夢過、想像過自己擁有大量財富，或是雖與財富無關卻能有意無意間創造出大量財富的想法。因為一旦你相信某件事，你就無法停止相信，這是「事物」的本質。你會自動開始在這樣的信念裡**愈想愈多**，這意味著你開

  地球人生

始夢想、想像、談論這些信念，行為舉止也會符合這些信念。一旦你開始這麼做，接下來會發生什麼事？你的思想**一定**會成為你人生中的事件。**這是定律。**

那命運呢？命中註定？天使的善行？奇蹟？運氣？在對的時機遇到對的人？第二次機會？灰色地帶或迴旋的餘地？

第二次機會、善行天使、奇蹟、運氣、在對的時機遇到對的人，這些都是被你的思想創造出來的。思想是實現它們的「定律」，而不是反過來！你的思想創造命運，而命運又會隨著你的思想改變。**心想事成。思想變成實物。**

用最簡單的方式來說，把一顆球往上拋，會發生什麼事？沒錯！球往上一會兒後，會開始往下墜。為什麼？**因為它不得不。這是定律。**接下來的說明會稍微複雜些，好讓你明白這個觀念到底有多簡單。

球往下墜：

- 跟誰丟的有關係嗎？
- 跟他們對自己的年齡認知有關係嗎？
- 跟他們的長相與受歡迎的程度有關係嗎？
- **他們了解重力與物理法則**與否，跟球往下墜有關係嗎？

沒有！因為一旦他們把球拋了出去，球離手的那一刻，就由宇宙跟祂的原則接手了。**這正是你選擇了想法之後會發生的事。所以，請明智地選擇你的思想。**

假設有人願意接受這樣的思考……你會建議他們如何控制這股力量？他們該如何設定自己的「GPS」，並且「打好排檔」？

首先，你，**他們**，一定要明白每個人和人生的神奇或這個原則只有三個接觸點：思想、話語和行動。不用說得太複雜，一切仍歸結到**思想變成實物**。你們會說出你們的想法，而話語無非是迫切的思想，因而使你們脫口或順口說了出去。意圖強大的想法則驅使你採取行動。我們因此知道要謹慎使用**思想變成實物**的原則去激發重大的人生改變。

你只需要以你擁有的資源，在你現在的位置上盡力而為，
就足以使任何情勢轉為對你有利。

讓我們從兩個角度來檢視這三個接觸點：被動與主動。

以被動來說，你要覺察自己所想、所說與所做的一切，盡量減少不符合你夢想與渴望的模式。主動則是你要去尋找激發改變

地球人生

與展現意圖的方法，刻意激發新的思想、話語跟行動，藉以建立新信念，建立更高的成功期望，並且顯化對你有用的新經驗模式。

運用你的思想

很顯然，如果塑造你的未來的是你的思想，那麼仔細思考自己最近都在想些什麼不是很理想嗎？跟你可能會有的想法比較起來？這麼做其實比你以為得容易。

被動的作法

只要檢視自己就行了。當個觀察者。察覺自己正在想什麼，然後盡可能不要讓自己繼續專注在對你無用的事上。你愈常思考一件事，就愈可能召喚它，或是使它持續存在你的生命裡。你的想法不只是想法而已。思想是打造明天的基石。當你發現你正想著對你沒幫助的想法時，請盡最大努力切換「頻道」。

有時當心裡出現失控的恐懼，你無法停止負面思緒，不要勉強。就順其自然。別忘了，不要因為你在擔憂而擔憂。記得，你有很大的成功機會，你的正面想法遠比恐懼與擔憂的想法來得強大。你可以另外開闢一條思路。坐下，觀想。在恐懼奔騰的同時，至少把部分想法引導到對你有利的畫面。你一定會覺得這麼做好似沒用，但，做就對了。就算你有了些正面想法，你可能還是會覺得負面思想佔上風，但，做就對了。你一次次地在過去戰勝逆

境正是因為如此。你只需要以你擁有的資源,在你現在的位置上盡力而為,這就足以將任何情勢轉為對你有利。努力做好自己該做的事,向來就已足夠。很不賴,對吧?**簡直就像在作弊一樣!**

主動的作法

觀想。不要等負面想法出現才試著這麼做。如果你明白你的思想會成為你人生裡的事件,你怎麼可以沒有每天都花點時間刻意去想你那最瘋狂的夢想,就好像夢想已經成真。

為了幫助你想像,這裡提供六個指導方針。它們不是規則或定律。**思想變成實物**才是唯一的定律。以下的六個方針能幫助你透過簡單的每日練習開始你的觀想。

觀想的練習準則

1. **每天一次**。這樣就夠了。每天觀想一次,然後就不去想了,回到當下,欣賞並感謝現在的你和你擁有的東西。不用一天觀想二十七次,以為這樣會有二十七倍的效果。如果一天想像二十七次,或甚至七次,你可能會開始比較夢想的世界與當下的世界。如果你在兩個世界之間花了這麼多時間,也許會被它們之間的距離嚇到,進而感到卻步、喪氣,甚至放棄。不要冒這樣的險!不要被嚇到。你的幸福確實是來自當下,不要沉浸在未來。解決方法是:每天想像一次,下一次留到明天。

地球人生

2. **觀想不要超過五或十分鐘**。這是上限，不是理想的時間長
   度。每天三、四分鐘就很棒了。觀想的時間不要超過五或
   十分鐘，原因是無論你是怎樣的人，只要想像超過五或十
   分鐘，就會開始做白日夢。於是你會生自己的氣。然後你
   會認為自己有成年人注意力缺失症，接著判斷自己做不
   到，這個方法不適合你。不要變成這樣。事實上，你在觀
   想時可以使用計時器，這樣就不用一直擔心還要多久時
   間。三、四分鐘就已足夠。你的渴望已留下印記。這些想
   法現在正努力成為你人生裡的真實事件。觀想的時間完全
   沒必要超過十分鐘，事實上，還可能有反效果。

3. **觀想每個可能的細節**。想像的時候，盡可能納入每一個想
   像得到的細節。畫面、聲音、氣味、觸感，把所有細節放
   進去，能加入一些無直接關係的細節更好。例如，想像自
   己在嶄新的全球總部擁有一間位於角落的大辦公室。你坐
   在辦公桌前。電話響起。全球總部的電話鈴聲是怎樣的聲
   音？你接起電話。電話放在耳邊是怎樣的感覺？誰打來
   的？對方跟你說什麼？你怎麼回應？在想像時加上這些細
   節，雖然它們跟夢想本身無關，但它們可以讓你心裡的畫
   面更真實。也想像一下全球總部的陳設。看看牆上的繪
   畫。看看你身後的窗戶。你看見了什麼？有沒有樹林、池
   塘、停車場？這些細節都使你心裡的畫面更加真實。觀想

的畫面愈清晰就愈有力量。

4. **感受並想像喜悅**。這也是項細節，但因為非常重要，所以變成一個獨立的指導方針。這個細節跟情緒有關。對所有的顯化來說，情緒的功能就像助推器。它使整個過程發生得更快速。情緒是你真正要感受的目標，對吧？你之所以想要更有錢、有更多朋友或更健康，都是為了喜悅與快樂的情緒。所以當你在想像時，感受那樣的喜悅、那樣的快樂。這是你在觀想時最重要的細節了。

5. **把自己放進想像的畫面裡**。這一點非常重要，卻很容易被忽略。把自己放到觀想的畫面裡。在你心裡播放的「電影畫面」，主角必須是你和你的人生，而不只是好看卻沒有你在其中的景色。你要扮演主角。

   你也不想只是顯化夢想人生裡的瞬間片刻，你要它們都能永恆。你不想只是受邀到夢想中的家去喝杯茶，你想要成為這個家的主人。你不想只是租用一輛嶄新的紅色賓士跑車，你想要擁有這輛車。把自己放進畫面裡。

   看到自己坐在夢想跑車的駕駛座上，感受**你的**雙手握在方向盤上，感受你在設定車上的音響。或是想像**你的**手被另一個人握著，你們一起在傍晚的沙灘上漫步。或是想像**你的**腳趾踏在沙灘上的感覺。

地球人生

6. **永遠只專心在想像的結果**。觀想時，只要專心想像你渴望實現的結果，或是實現之後的事。絕不要擔心會「如何」實現。雖然你無法得知你的夢想如何成真，但這並不影響你知道夢想一定會成真。

前面也提過，你在地球上的每一天都有七十億個共同創造者持續各自改變計畫、夢想與想法，這是為什麼你無法說它就是會如何發生。然而，這對神性心智來說沒什麼大不了。當你**堅持**非要用某些方式，那些方式就會變成「註定無用的方法」，因為你孤注一擲，把自己搞得很焦慮，給自己太大的壓力，也排除了神性心智可以為你實現夢想的無數種其他方法。是的，如果你堅持一定要是某種方式，可能也有機會成功，也許過去就曾經成功過。但如果要持續前進，光靠「可能」就足夠了嗎？請讓神性智慧發揮作用，祂會將每個人的路徑、渴望與想法交織一起。

運用你的話語

別忘了，你的話語就是你的思想，它是被說出來的想法。透過檢視，它們透露出你正在默默思考和有時的下意識想法，這會在必要時創造出改變的機會。

被動的作法

　　盡量不口出惡言，不論是對自己、朋友、敵人、生活，或任何一件你可能會苛刻批評的事。談論你不喜歡的人事物，會吸引更多你不喜歡的人事物。

　　這不是要你接受你不喜歡的事，不表示你不該或沒資格感到生氣、不滿或其他情緒。這也不表示你要永遠保持沉默或不採取任何行動。這表示，你知道自己永遠有選擇，而且你的每個選擇都會帶來不同的結果。這表示，你知道不斷（連續數週、數月或數年）悲歎或抱怨那些令你不滿的情況，只會使這些情況惡化並持續更久。

主動的作法

　　當你發現自己抱怨過多，或你只是想再次確認你想要的體驗，請選擇能賦予你力量的話語。你可以在談到自己的生活時，像是它已經反映了你的夢想。或是在談到自己時，把自己當成你已經是那個一直以來夢想成為的那個人。點燃改變的火焰，只需要一點點火花就足夠。你所說的話不只是話而已，你所說的是最快能變成事實的思想，因為這些思想已累積了足夠的能量與意圖，才使得你把它們，而不是別的想法，說出來。

 地球人生

←──────→

你永遠有選擇，而每個選擇都帶來不同的結果。

←──────→

　　你不需要一位人生教練來幫你選擇能賦予力量的話語。你不需要更多幫助自我成長的書籍。你不需要知道西元四世紀的你是誰。你只需要開始說對自己有幫助的話，無論這些話語最初是否為真。說些像是「我的人生真輕鬆！我愛我的人生！我非常清楚接下來的人生應該怎麼過！**完全清楚**。我總是在對的時間，跟對的人說對的話。」有多少人想的總跟上述相反，卻又懷疑自己為何總無法在對的時間，跟對的人說對的話？

　　「我被財富與豐盛圍繞！我觸碰的一切都會變成財富。」記得，就算還不是事實都要這麼說。事實上，當還不是真的時，就愈要說。這**正是**你為什麼要說這些話的原因：因為你想改變你正在談論的情況，使它成為不同於你正在顯化的局面。要知道，就如任何練習一樣，你不可能一開口說新的願景就立刻要看到成果。請持續練習，除了做你該做的來促發改變外，也要花時間等待。畢竟，你目前的狀況也是花了時間創造出來的。

　　也別忘了說：「我很上相！我的每張照片都好看。相機最愛我了。」因為你的思想和話語變成實相適用於**一切**：上相的潛力、能量的高低、健康、友誼、自信、創造力、成就感、金錢……所有一切。

凡是你在說的事，你就在使它發生。所以開口說話前，先選擇對你有用的想法。儘可能經常選擇說那些有用、正確和你喜愛的事。

運用你的行為

你的行為就是行動中的想法。

被動的作法

開始留意自己每天的日常行為，了解自己在想什麼，然後刻意去改變最需要改變的行為。譬如：

過度節儉：你在商店是不是經常買最便宜、最普通的品牌，努力能省則省？這如何反映你對湧入生命裡的富足的信心？顯然你的信心不大。要逆轉這種情況，請主動出擊，偶爾揮霍一下。你不需要買一大堆昂貴東西，但是請覺察自己的行為，**偶爾**抵銷一下那些對你無益的想法。記得，你的正面「展現」，例如偶一為之的揮霍，也跟正面思想一樣，比負面想法強大至少一萬倍。因此你無須花大錢買所有東西。二十樣東西裡，十九樣買最便宜的品牌，剩下的那樣，多花些錢吧。最微小的展現也能有神奇的強化效果！這正是為什麼除了持之以恆之外，成功要付出的可說是微乎其微。

減重：採購食物時，你是否經常買低脂、低卡或號稱零負

地球人生

擔的產品？如果是的話，那麼你每一次購買都是在向宇宙吶喊：「我很胖！」而宇宙肯定也會偷偷向你喊道：「我知道。你前面那七千四百一十二次的吶喊，我都『聽見』了。我會幫你的！別擔心。我會讓你在錯誤的時間對錯誤的人說錯誤的話，接受錯誤的食物，並且給你低自尊和緩慢的新陳代謝！我收到了！放心！」這是你的行為所觸發的力量。它會使你想避免的情況持續。你不需要也不該吃所有會令人發胖的食物。但偶爾放縱一下，假裝你已經擁有完美的體重與身材，而且你很快樂。在兩個極端之間找到中庸之道。減少熱量但**也**偶爾放縱一下。就像你已是你夢想中的樣子。

愛情：在面對感情時，你是否防衛你的心？因為曾經心碎，你不想再次經歷**那樣**的心碎？當這麼做時，你的懷疑和不信任反會使對方表現出最糟的行為。你必須要信任。打開心門。對方會注意到，也因此最可能做出對你們感情有益的行為。

主動的作法

主動的作法就如前面所說，偶爾反其道而行，表現得像是你知道必然發生的夢想即將到來。或是假裝夢想**已經**成真，而你現在生活在一個夢想已經顯化的世界。這會帶來信心和正面的期待，把自己放在一個緣份與所謂的意外和巧合都會出現的世界，而它們其實是你之前的夢想與願景所安排出來的，最後也會將你表現的彷彿已經成真的想法和話語，真實呈現在你的地球人生。

當你明智地運用思想、話語跟行為，你就能重新安排你人生舞台上的所有演出者、情境與道具。你事實上開始從對你有利的無限可能中設計自己的未來，而這些美好的可能遠超過你的意識覺察，雖然你的其他想法與世界現況也會稍有影響。然而這一切必將遠遠超過你最大的期待，因為你的期待總會受限於你無法想像出你所擁有的豐盛資源。

我不想掃興，但我知道有很多人都活在想像和在未來裡，他們宣稱自己是尚未成為的那個人，可是他們的人生似乎從未改變。為什麼他們沒有成功？

發現真相的興奮令人陶醉：你知道你不會被批判，你是被愛的，世上沒有不可能的事，而且思想會變成實物。這種感覺會使「菜鳥」誤以為光靠這股興奮與熱情就足以改變他們的人生。

不會的。記得，知道形而上的真相並不是停止探索的藉口。

思想遠大但行為畏首畏尾，或是興奮卻不敢冒險，
兩者都跟思想渺小無異。

光是因為真相而感到興奮，不足以改變你的人生。你必須**活**

地球人生

出這些真相。表現出這些道理。你必須面對這個世界。在生活中體現真相。放下防衛，讓自己處於險境，去冒險。根據你知道的真相和你對未來的憧憬來選擇你的思想，話語和行為。以一個嶄新發現的自己採取新的作法，證明你過去的世界觀已經成為過去。思想遠大但行為畏首畏尾，或是興奮卻不敢冒險，兩者都跟思想渺小無異。

釣魚去

假設你以釣魚為生，假設今晚在你的夢裡會有一個精靈，告訴你未來七天將是你這輩子最幸運的七天。隔天早上當你出發去釣魚時，你會只帶一根釣竿，還是帶很多根？你一定會盡可能帶你所能帶的最多釣竿。你會把家族裡的每個人都找來：「快過來！我這輩子最幸運的七天就從明天開始！我們一起去釣魚！」你不會在隔天早上醒來的時候，打開門，望著天空說：「魚在哪兒？這週不是我這輩子最幸運的一週嗎？」

就算是非常相信運氣的天真人士，也知道自己必須走進世界，好運才有可能到來。思想變成實物也是一樣的道理。如果你沒有走進世界，讓自己處於可接收的狀態，對你一點幫助也沒有。如果你想強化自己的接收狀態，請以你目前位置所具有的**全部**資源去做**最大的**努力。這並非意味你非得採取許多行動不可，雖然這麼做可能有幫助。你的努力將有助建立你與生命的神奇魔

力的連結。這個神奇會負責困難吃力的工作。由於你不知道下一道神奇閃電何時出現，也不知道「最短、最快樂的路」是哪一條，因此你要讓自己在可被接觸的狀態，好讓它們找到你。這純粹是為了讓你聰明有效率的工作。要了解，宇宙需要你進入這個世界，活出你的真相，好讓那些應當出現的意外、巧合跟緣份找到你。

我必須採取行動，卻不用擔心那些「註定無用的方法」，這不是自相矛盾嗎？採取行動不就是因為擔心渴望實現的方式？

　　註定無用的方法之所以無用，跟你做**什麼**無關，而是你如何看待行動背後的原因。畢竟，就如前面提到的，總有一天「方法」會出現，夢想將成真。不過在顯化之前，你所推測的方法是否註定無用，取決於你是否執著或堅持排除其他方法。譬如，「我正在寫的這本書將受到名人的背書推薦，因此躍上《紐約時報》的暢銷書榜，賣出上百萬本，從此過得快樂。」哇！壓力好大！除非各項重要因素完美配合，否則這件事不會發生！此外，其他方法的想像空間都被排除了。你的確要先寫書，也要夢想它暢銷，但不要把自己未來的幸福快樂跟這件事緊綁在一起，這樣才不會排除或限制了其他的成功機會，也不會把一百萬種其他方法關在門外，而這些方法可能使你飛黃騰達，令你非常雀躍。**寫書的「原因」應該被看成是創造多個可能性的作法，而不是創造唯一**

地球人生

的一條路。

　　還有一種情況可能會使方法變得無用，那就是認為世俗的步驟就足以實現夢想，沒有把自己的一小步視為使高我、生命的神奇或神性智慧協力參與，並因此實現你的夢想的火花的方式。你能想像把所有夢想成真的責任都放在自己跨出的每一小步上是多大的壓力嗎？**別滑跤了！**要知道，其實你每跨出一小步，宇宙就會替你跨出幾千步。你走越多步，宇宙就走更多步！這是為什麼你一小步一小步走，因為重點並不在走多遠。激發生命的神奇魔力才是目的，這就是「你為什麼採取行動」。這個神奇魔力並不神祕，它會為你進行困難的工作，唯一前提是，你必須先一步步地做你該做的事。

　　如果你因為「錯誤」原因而採取行動，這表示你誤解了你在人生事件裡所扮演的創造角色；當再加上這些事件導致的壓力，將對你的成功形成阻礙。簡單地說，你必須知道：

- 在生命的顯化裡，你是機長，不是工程師。
- 每一天，你的生命都與他人的生命相互交織：朋友、客戶、同儕等等，有些會是你的副機長，因此你並非獨自創造。這表示你不能堅持誰非要做什麼不可（除非是你的孩子或下屬，但就算如此，你也不能以他們的表現來決定自己的快樂與否）。

你不可能知道（因為這是不可知的）你的夢想將在何時、何地、如何，以及跟誰一起實現。你對任何人事的堅持可能會阻擋無數個「更好的方法」來到身邊。你只要知道自己渴望的結果是什麼，並且不間斷地為這個結果努力。對於努力過程中出現的一切保持開放，包括繞路、表面的挫折與多變的友誼。

我懂了……挺酷的……

挺酷的？真的嗎？如果你真的明白，就表示你了解本書到目前為止分享的觀念。如果你只能許一個一定會實現的願望，我知道你會許什麼願望。合情合理的願望只有一個。你的願望會是**維持現狀**。作為一個有意識的創造者，你在被幻相籠罩的天堂裡從容生活。在這裡，能否更為擴展、更有效益、活得更久，都取決於你選擇的思想、話語和行動。真的沒有比這樣的遊戲規則更容易的人生了。

地球人生

第六章

chapter 6

意外、挫折與災禍

有人會永遠迷失或
受困在地球上嗎？

這些是誰的想法？

為什麼會有人選擇出生在貧窮
或危險的國家？選擇
糟糕的父母或是身為孤兒？

「神」難道沒有
祂自己的、會變成
實物的想法？

生命的神奇魔力會不會不眷顧某些人？

如何解釋天災？

你是不是在責怪暴行與
侵害的受害者？

你如何解釋為什麼有的孩子
受到傷害或更糟的對待？

萬一我的高我不同意我的夢想，
怎麼辦？

你說的很有道理，但我又想到新的問題。比如，當不在預期內的事情發生，尤其是意外、挫折或災難時，要如何接受人生的失望？它們來自哪裡？看來人類還是不夠強大。

歷史上的文明也曾來到同一個路口，問過這些問題，當時他們選擇進入危險的領域，這個決定最後導致他們所愛的一切走向毀滅（實體上來說）。他們把不在預料內的事看成人類**被動**接受生命的鐵證。面對大自然，你們無能為力；你們是命運的小卒，是虐待狂上帝手中的白老鼠。然而，正是因為他們對生命的理解出現了這樣的裂縫，他們駕馭幻相的力量慢慢消失。今天的地球人生，最大的理解缺口莫過於「你是生命的創造者」以及「看似無法預料卻又經常造成毀滅的意外」之間的矛盾，對吧？

這類問題正是你們該問的，拿出好奇心，敞開心胸接納新的可能性，你將在自己內心找到簡單、絕對的真相，而且是現在整個世界深深渴望和有資格知道的真相。所有的問題都有答案，而你的提問就表示答案在不遠處。在一個鼓勵你們遵循群體安全感的世界，你們更有靈性責任去問這些問題。

你的追尋終將揭露，在時間裡以所謂的意外、挫折與災難形式造成「混亂」的這個看似神祕的機制與超自然力量，事實上也是目前所有人類個別和集體用來創造地球人生的力量（雖然運用方式不盡理想）。這個領悟就是第一步，有了這個認識，你才會知道如何深思熟慮地改變地球未來，以及個體要如何駕馭自己的

地球人生

力量，為所有人創造更多富足、更多愛與更多樂趣。

　　你應該想得到，這些問題沒有簡短有力的答案。回想一下：一開始在了解「出乎意料」的過程時，提過每當「沒料到的事」出現在你的旅程，它**向來**是旅程中的一塊踏腳石或跳板，帶領你前往一個比你**一直在想**的更遙遠的地方。有時候，你從未想過的事之所以預先發生，是因為在這些顯化的背後，便是你**確曾想過**的「目的地」（尚待確認的顯化），無論它們是你的渴望或恐懼。而尚待確認的「目的地」要成為實物是要先透過未預期的意外吸引你的注意。然而，要記得，出乎意料不等於隨機。發生在你身上的每件事，都不會跳脫出你對自身境況和人生的所有其他想法。

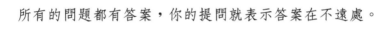

　　　　所有的問題都有答案，你的提問就表示答案在不遠處。

　　這正是「意外」的本質。意外很少是目的本身（除非是被恐懼、期望和已做好準備而出現的意外），它是達成**其他目的**的工具，**受到影響的每一個人**都曾想過、預期或相信的。對倖存者**以及**那些已超越時空，正在進行「更恢宏精采的探險」的人／靈魂來說，意外是人生旅程的延伸：一切都與個人和集體所抱持的想法、信念與期待一致。

這個說法能解釋天災嗎？持槍亂竄的瘋子？你稍早說過，天候是我們創造出來的。那麼影響許多人的龍捲風、颶風跟地震呢？受影響的這些人的想法都不重要，是嗎？二○○四年的一場海嘯，在環太平洋地區跟非洲海岸突然奪走二十幾萬名男女老幼的性命。要如何解釋這些大災難？

　　當然，從地球層面的人類雙眼和身體感官所感受的是：海嘯是偶爾或隨機發生的事件，它為地球某個區域帶來恐怖的災害。而從心靈的眼睛和內在感官來看，這個「悲劇」有截然不同的解讀。

　　前面討論過，就如個體的想法會塑造他們自己的環境，大眾的想法也會塑造大眾共享的環境。因此，被二○○四年那天影響的每個靈魂，包括死者、死裡逃生的人，以及在家看新聞得知的人，每個靈魂都參與並共同創造了這個事件，並且各自基於之前的選擇（思想）決定自己的最佳位置，以便參與由這些選擇帶來的那一刻。這是一個群體事件，也可說是群體的反映，由大眾累積的想法與張力，在一個大眾同意的「時刻」表達出來。事件發生當下，每個人所在的地理位置也是個人創造／思想的一部分。

怎麼會有人選擇創造如此可怕的事件？

　　有很多原因。但如果要推敲他們可能的理由，我們應該先放

下「可怕」這樣的評斷。

你在時空裡對實相的觀察有限，導致你幾乎無法以正面角度來看待類似的事件。身體的感官使你覺得：「我的天啊，一個浪潮就讓整座村子消失，**怎麼可能**是什麼好事？」但當你明白死亡只是關上一扇門，如此才能開啟另一扇門；當你明白「逝去」的那些人現在跟「生前」一樣擁有覺察、個性與「自己」；當你明白每一個「死亡」發生的時間、情況和戲劇性的起伏，都經過極為精準的處理與計算，符合當事人的想法與支援「計畫」，在超越時空帷幕的國度裡，在恩典的籠罩下，以神聖的方式發生；當你明白所有的生命都只在準備好的時候「到另一個世界」，你會突然發現，單靠感官去詮釋這樣的事件有多荒謬。只要撕掉「可怕」的標籤，就會有種秩序感，甚至完美，開始浮現。

每一個人事實上都因此展開全新的探險，並因此變得更恢宏。

所以，你的意思是所有的死亡、斷肢跟殘廢，還有倖存者失去所愛的悲痛，都是刻意的結果？那天被海嘯侵襲的海岸上的每一個人，都是出於自己的計畫才來到那裡？將近二十五萬人溺斃，是因為他們「大限已到」，又碰巧那個時候正在海嘯影響的範圍？

是的，以上皆是，除了「碰巧」之外。那一天，每個人都有屬於自己的體驗，他們的參與都有對自己來說最重要的原因。儘

管如此，他們都是願意或有意參與這場大規模事件。

　　沒有什麼事是巧合。意外也不存在。你住在一個**夢境**的世界裡。試問，如果你在夢裡跟朋友共舞，跟陌生人吵架，踢到腳趾或被獅子追趕，這樣的夢境是意外、巧合和無意義嗎？還是你能感覺所有夢境都是創造的一部分（無論多難解讀），它們反映了做夢者的特定恐懼、達成的特定課題，或揭露了某特定意義？

　　人生的「夢境」也是如此。你只是活在你創造出來的幻相裡，而你忘了你是這些幻相的創造者。滴在任何人頭上的雨滴都不是「意外」。跟朋友共舞，跟陌生人吵架，踢到腳趾或逃離恐懼，這些也都不是隨機或無意義的。這並不表示有形世界發生的每一件事都帶有深刻意義，這是要告訴你，你的思想、信念與期待永遠在發揮某程度的作用。如果你老想著「壞事總會發生！」──它就會發生。

不承認運氣、意外跟錯誤的存在，似乎很瘋狂。因為它們天天都在發生，而且有時是令人心碎、攸關生死的結果，尤其是當發生在小孩，甚至嬰兒身上。怎麼會有人選擇參與這樣的事件？

　　別忘了，原因很多，就跟參與的人一樣多。在某些情況，例如饑荒或乾旱，參與大規模事件就像是一場大規模抗議，無論是地區性或全球性都一樣；抗議惡劣的生活條件，抗議其他人類的沒有同理，因為他們或許在可伸出援手時袖手旁觀。也或許種族

  地球人生

屠殺的事件參與者，是為了抗議主流的意識形態長期以來不斷製造戰爭。他們可能在說「真的夠了」，於是按下重設鍵，不只是為了自己，也是為了給倖存者（不論是地區性和／或全球）一記當頭棒喝，要他們重新檢視生命，別再讓這樣的事發生。

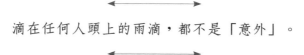

滴在任何人頭上的雨滴，都不是「意外」。

這些災難得到全球注目，對那些看到新聞或從災難有所領悟的人來說，猶如一記警鐘，就算是萬里外的觀眾也一樣。至少，看見一家失散的災民，也許會讓你更珍惜身邊的家人。你可能會以截然不同的方式看待生命。你可能會用不同於災難發生前的方式去珍惜脆弱的人生。因此，這場災難啟動了一個新世界秩序。

此外，每個參與者出於各自的原因，都認為自己非常適合參與這個戲劇化的事件，即使他們會因此「死去」。這並不意味有任何人「該死」，或所發生的事該「歸究」給誰，也不表示做壞事的人沒有錯。有時出現在「吸引力法則」世界觀的責怪、過錯與受害等觀念，被稱「責怪受害者」心態，是源自任何事可能隨機發生在任何人身上的老舊信念。其實不然。「責怪」與「受害者」這類字眼是因為誤解。當移除誤解，你會發現這些字眼在靈性覺察的對話中不再合理。

那巧合又怎麼說？大家都有過巧合。否則時機怎能如此完美，把成千上萬人，甚至千萬、億萬人都湊在一起？承認人類很擅長把握機會，進而把生命中的偶發事件變成轉捩點，而不是否定巧合的存在，不是比較恰當嗎？

　　當然，我完全同意，人類確實是把握機會的高手；即使失去機會，也依然保持希望。但這不表示無論發生什麼都是隨機事件。你仍然認為地球人生在一條時間軸上誕生、發展、創造，並以此為基礎，試圖解釋時空裡發生的事，卻忽略了時間軸是次要的；是人們最大的渴望或恐懼所顯化的結果決定時間軸。只因為你覺得世界是在連續的時刻上運作，並不表示真是如此。有一個你們看不見的界域，在那裡，地球人生的每一天每一秒，都有無數的可能性聚合成所有參與者最相信的事，這使得每個人的相關顯化都會發生在對的時間跟地點。時間是幻相，對吧？所以，從一個更宏觀的角度來看，所有時刻都同時存在，每一刻都是同時發生。是你所選擇的意識／覺察在線性（時間）裡移動。這就是生活在時空叢林裡的陷阱。

　　回到好萊塢電影跟製作電影的比喻：電影拍攝的先後順序並非按照劇中的時間軸。有時他們會先拍結局，然後才拍攝片頭。通常他們會先拍最關鍵的場景。經過剪接跟取捨後，看看用掉多少時間、還剩多少時間，確認情節的起始和銜接。然後拍攝中間部份和補充及輔助鏡頭，好讓重要場景能順暢銜接，彷彿一切就

是這麼「合理」。剪接完成後，觀眾坐在電影院裡觀賞按照時間軸順序發生的故事，「哇！天啊！太驚人了！誰想得到結局會是這樣？」其實他們說不定是先想到結局才設計開頭，而且拍攝順序也是。同理，你的生命不是「時空裡發生的事」的結果。而是反過來：時空裡是**因為有你**才會發生這些事，就像電影裡的情節是來自編劇跟劇本。

生命沒有意外。

你的思想、信念與期待，跟地球上七十億人的思想、信念與期待融合在一起，共同推動與重設你們人生的境況，製造出因緣際會和所謂的意外與巧合，它們為你搭設舞台，好讓你體驗最初想法所帶來的結果。

生命不是如表象所見。那場海嘯就跟地球上的任何事件一樣，並不是先發生在線性的時間軸。而是每個參與的靈魂所「渴望」的結果先知道了，然後所有產生這個結果所需的情況與事件才圍繞著這場可能的（而非註定的）意外交織編造，於是在特定的時間點發生地震與海嘯。

這也是為什麼當你觀想某個你想發生的事時，你應該先從**結果**想起，不要去想那些註定無用的方法。方法會被願景逼出來，推演回去。還記得GPS的例子嗎？目的地，也就是結果，促使**方法**產生。

你可能也感覺到了，當你心裡有你渴望結果的畫面（尤其不只是你一個人的渴望時），並以此為目標行動，這就是你在你的

地球人生激發重要轉變的方式；這也就是要告訴你的好消息。看似神奇和不可思議，但其實你只是在操控你原本就有的能量，使世界的幻相符合你的意圖與期待。

你的身體感官讓你看到的是**被選擇的**可能結果。它們呈現的只是你之前的思想、信念與行為所導致的結果。如果你想在人生裡創造正面改變，你必須扭轉你對生命機制的觀念，儘管表面上改變尚未發生，你也要想像改變已經發生，並在行為上儘可能表現得像是改變已成為現實。這就是了。

好好享受你全新的地球人生。

那場天災奪走二十幾萬條人命，那一天，每個逝去的生命都不是偶然出現在那裡。他們都有自己神聖和完美的原因——反映了自己的思想、信念與意圖——而來到那個地方。

但那些逃過一劫卻身心受創的人呢？有理由嗎？

當然，不是只有死亡是以思想、信念和期待為基礎，並配合時間與各項條件的精準安排。從每個人高我的時間線來看，**每一天的每一秒都一樣神聖**。每根踢到的腳趾、每個癌症、每件美好、無聊或不愉快的事，都同樣受到「祝福」。

可是，怎麼會有人希望不愉快的事發生在自己身上呢？

地球人生

其實就事件本身來說，幾乎**沒有人**會希望遇到不愉快的事。然而，**每個人**都想要事件所帶來的體驗。

舉例來說，戰勝癌症的人大都把罹癌的經驗視為生命中最好的「禮物」。你認為他們所說的禮物，是摧毀細胞、使他們不得不接受化療的可怕疾病嗎？當然不是。這種東西沒人想要。沒人想受苦。沒人想哭泣。但如果跳脫世俗的情境來看，癌症可以帶來各種額外益處。原本水火不容的家人重新凝聚起來，互相體諒，有了新開始。癌症治癒後，關係變好了──多幸福！

假設，原本在這個實體世界感到無力的人罹患了癌症，在努力抗癌並成功後，也許突然發現了他們的力量。癌症沒了，力量依然存在──多幸福！

癌症也可能使原本疲乏、厭倦、墨守成規的人重新體會和欣賞生命。當他們聽見「很遺憾，你只能再活六個月」的時候，他們很可能會以截然不同的觀點來看待地球人生，頓時對生命有種不曾有過的欣賞。抗癌成功後，這樣的領悟不會消失──多幸福！

那抗癌失敗的人呢？

別忘了，**每個人都會戰勝癌症**，這一世或來世。沒有人會死，永遠不會。就算過渡到另一個世界，也是依然持續探險，帶著同樣的人格以及對生命的熱情（或厭惡，至少在他們學到更多之

前）。

在他們的情形來說，「他們的時間到了」，一如以往，這決定於他們累積的想法、信念與期待。罹患癌症通常不是一個有意識的選擇，而且每個人都有自己的原因，不過部分原因（以癌逝的人來說）是想比快速或突然死亡擁有更多在地球上的時間可以安排。不論是為了道別、處理必要文件、寫遺囑、建立信託，他們要確定每件事都已妥善處理。別人可能會覺得：「我不需要做這些。我不在乎。我想死得快一點。我想要離開這裡。」這些是個人選擇，無論是否在意識層面，都是基於每個人自己的想法、夢想與恐懼，加上他們對在世者的考量。

所以我們不需要同情被天災重創的人？天災是他們創造出來的，他們需要，所以就讓他們去學習他們的課題？

不盡然！記得，如果你對災難有所覺察，這表示在某種程度上，無論多微小，你也參與了災難的創造。為什麼？

就如前面所提到的，無論是全球性或地區性的天災，人們可能參與的原因之一是天災對倖存者的影響。換言之，有時候「受害者」之所以選擇成為「受害者」（稱他們為「英雄」或許更恰當），部分是為了製造機會，讓善心人士透過提供慰藉或協助而了解和認識自己的力量。若非如此，善心人士就沒有機會體驗自己能帶來的改變。例如，因為看見無辜民眾與兒童在戰爭裡傷殘

或死亡，促使世界各地的個人與國家**終於為他們受傷和逝去的同胞付出**，就算只是捐款也好。

災難邀請人們覺醒和參與。絕不是只為了說：「喔，我今天早上剛好看到新聞……」你會注意到這則新聞是有原因的，如果不是要你立刻行動伸出援手，可能是要提醒你更加珍惜人生。在「眾人同為一體」的星球上，如果有一個人受苦，所有人都一起受苦。如果你能撫慰一個人的苦痛，其他人的苦痛也會得到撫慰。

因此，就像你會安慰一個迷路或生病的孩子一樣，即使困境是他們自己所創造，你也有充份理由和動機去安慰與支持需要幫助的大人。

你的意思是，小孩因為天災而死去或成為孤兒，都是出於自己的選擇？

同樣的答案也適用於此：這是他們自己的「計畫與意圖」，不論年齡。你的疑慮是因為你認為所有孩子都是新靈魂，「意外」來到這裡，對自己的生存環境沒有決定權。錯了。就如前面詳細說明過的，你們都是古老的心靈戰士，在進入這一世之前就已擬定了計畫，也完全知道人生中的各種可能性。每個孩子的高我都明白並選擇自己出生的時代與其他條件。這些選擇都奠基於他們的探險種類、他們的朋友所選擇的地點與內容，以及他們想要的學習與體驗。沒有人選擇出生於此，只為了在三年兩個月又四天

後在海浪裡溺斃。生命並非事先註定而無法改變，所有「命運」都是可塑的，但可能性的範圍會根據不斷變化的個人與集體思想而慢慢縮小。

這些孩子都很清楚自己選擇出生在原始的年代，這裡的系統與技術（還有心態）也許無法防止他們受到傷害，而集體意識也可能認為遭受天災會有幫助（原因很多）。而在他們出生後，隨著他們年輕的生命慢慢展開，集體的可能性愈來愈聚焦，他們的思想和父母（或監護人）的思想發揮作用，當「意外的」洪水出現時，每個人都在對的時機出現在適當的地方。

↔

無論你是否看見，每個地球人生的每一天每一秒，
都有著秩序、希望、意義、療癒和愛。

↔

你的問題也暗示另一個令人遺憾的誤解，那就是死亡代表失去機會，尤其對小孩來說。「他們永遠沒機會結婚。他們永遠沒機會工作。他們永遠沒機會……」這是張永無止盡的清單。但「他們永遠沒機會」的盲點在於，當這一世地球人生的門關上，事實上另一扇門隨即打開，天使歡樂，大家合唱。全新探險於焉展開。於是這個死去的孩子、年輕人或老人，踏上比上一回更適合他們的全新歷險，而新旅程同樣是奠基於他們的思想。你會認

地球人生

為一個孩子成為老師而不是工程師就等於喪失機會嗎？或是反之亦然？當然不會。你會尊重他們的選擇，因為你知道每個選擇都有它的機會，意外死亡也是同樣道理。

當然，認為世上有邪惡，壞事會無故發生在好人身上，也許對你會比較輕鬆。但事實上，長期說來，這些不再適用的想法對你反而有害。它們使你得不到唯有真相能提供的平靜。真相能讓你擺脫罪惡感，以及因錯誤認知造成的巨大痛苦（譬如，機會永遠失去了）。沒有任何解釋可以讓人微笑面對一個孩子或大人的死去，或醜惡、痛苦與令人不安的經驗。但是，無論你是否看見，每個地球人生的每一天每一秒，都有著秩序、希望、意義、療癒和愛。

如果你依然堅信這些觀點不符人道精神，至少不要把嘗試理解這些現象當成是企圖合理化這些現象。就像醫生了解疾病、解釋疾病的原因與影響，並不代表他們認為這些疾病很「合理」；同樣地，你的這些新見解不代表你在合理化醜惡的、痛苦的或令人不安的事。

還有一點。只因為生命看似在尚未開始人生前就已結束，並不表示對那個孩子和愛他的人來說，這個經驗就沒有價值。人生的最後時刻，不需要，也不會是生命的定義。它們只是時刻罷了。

可是為什麼會有人選擇出生在貧窮或危險的國家，或有著無知的父母？

　　原因多如繁星，但只要明白，你想活幾世、你想生活的地點與身分都是由你自己選擇，而且時空裡的人生「只是一場夢」，每個人都將完好如初地醒來，成為更「豐富」的自己，那麼一切就會變得較容易接受了。也因此你會選擇體驗各式各樣的人生，接受各式各樣的挑戰與機會，而不是每一次都要生得好看、才華洋溢、富有並備受寵愛便很合理了。

　　因為這符合**你的**冒險天性。所有的經驗你都想要！不只是美好和普級的家庭版。當出生在豪門七千五百世之後，你一定會覺得膩了。沒有探險的新鮮感。每一世結束後，當你追憶和回顧曾發生的事，看到父母總在你提出要求前就自動把銀湯匙放進你嘴裡，或把你想要的東西送給你。再看看剛結束歸來的其他探險家。「他住在剛果部落的茅屋裡！那兩個剛從曼哈頓回來，探索了廣闊多元的社會跟企業國度！這一個住在印度洋的漁船上！」你們互相分享前一世：「我沒有！」、「我有！」、「我想要！」、「我得到！」、「我很害怕！」、「我克服了！」你會覺得：「天啊，我的人生糟透了。我活了七千五百次，每次都是無線網路跟奢華名車。真希望我也能稍微擁有像他們那樣的體驗。」

　　探險不是永遠過著奢華的生活。探險絕對不「輕鬆」！雖然你認為出生在第三世界國家的人抽到壞籤，但你怎麼知道他們不

156

 地球人生

同情那些住在第一世界的「可憐蟲」？這些人學不會團體、家庭和情感，他們的生活充滿競爭，極力透過外在之物證明自己的價值。當然，世上總有地區似乎有許多苦難，但都是為了探險的目的而存在。

此外，也想想，假設你的父母是畢業自哈佛，這跟如果你的父母沒受過教育所帶給你的探險之旅會**絕對**不同。但因為你是永恆的，也因為你要活幾次都可以，所以你當然想體驗不同的人生，對吧？！這是你的天性。當豪華的人生令你覺得無聊了，你就會想要體驗真正的探險。這樣的探險有時也包括因為天災而離開地球。

最後，想想你現在所重視的事，在你擁有更高的視角後，就算不是大多數，但許多你目前重視的事肯定會改變。

好吧，如果我同意這些想法，確實能明白多樣化的好處。但是，舉例來說，小時候被虐待或甚至被性侵的人……你要如何解釋那些極度痛苦的人生？

理由有千百萬個，你也可以保留「痛苦」這個標籤。首先，你難道不期待有**答案**嗎？在一個慈愛、有智慧的宇宙所發生的每一個事件背後，都存在著秩序、完美與愛，這不是比較合理嗎？畢竟，一切都發生在神的「裡面」，記得嗎？「外面」並不存在。

顯然有些人生，無論從任何角度來說，都令人厭惡和悲傷。

即使如此，只要距離隔得夠遠，無論是哪種情形，你還是能感受到其中的秩序、完美和愛。

假設你深愛某個靈魂到難以言喻的程度，你和他一起探險、闖蕩、相愛，經歷了幾千幾萬年。但你深愛的靈魂決定嘗試令你害怕、陌生、而且不感興趣的冒險。於是你決定這一次要放手，讓他自己踏上不同的旅程，並且深情等待他所承諾的歸來。但令你震驚和沮喪的是，你看著心愛的靈魂踏上旅程，進入不友好的地方，迷失在憤怒、狂暴與恐懼裡。甚至以暴力做為地球人生的主要手段。

他沒有如你所希望與期待地回來，在瘋狂和迷失的人世之間也因為恐懼，甚至**忘了你是誰**，但你一如以往地深愛他。他並沒有改變，改變的是他對實相的感知與反應。

你很心碎，滿心渴望協助他，你從一個充滿平靜與慈悲，身旁有慈愛嚮導圍繞的地方，看著這一切發生。你發現有個方法**能夠**幫助他。只要你願意在實體的世界跟心愛的他相遇，在他即將成立的家庭出生為他的女兒。縱使他的狀態已經改變，當他第一眼看到這個哭泣的嬰兒，他會立刻被愛籠罩，雖然他自己不知道為什麼。

但你也知道，在這一世，即使他非常愛你，他依然可能無法控制他的憤怒與暴力，有時甚至會以惡劣和令人痛苦的方式施加在你身上。隨著他對你的每一次傷害，在經歷了這多世「被誤導」且沒有你的人生之後，他將首次明白他的暴力有害而無用。

地球人生

唯有透過對你，這個他深愛了無數人世的靈魂施暴，他才能看到這點。這將為他帶來自你們分開之後，最深刻也最具轉化的療癒。

　　如果這是你在來到人世前所看到的畫面，而且你也知道無論在這個時空幻相的夢境人生裡發生任何事，你都將完整如初地回到一個充滿平靜與慈悲的地方，再次被慈愛的指導靈圍繞，那麼你願意選擇伸出援手嗎？你會主動這麼做嗎？選擇以年輕的生命冒險，因為從更宏觀的角度來看有益無害？因為無論發生什麼事，你都會變得更好？而且這個大膽的行動也許能拯救你珍惜的夥伴？

　　你一定會願意。因為這只是場夢。

←————————→

如果你相信壞事會毫無緣由地發生在任何人身上，

你就無法成為你夢想成為的一切。

←————————→

　　然而，即使你現在看了這本書，明天你很可能會看到一則傷悲或令人反感的新聞，你不禁納悶：「如果真有上帝，世上怎麼會發生這種事？」當然，你不會看到完整的靈魂全貌，你只看到可怕的冰山一角。但就算你永遠無法知道這些悲劇裡存在的錯綜複雜的原因、盤算與意圖，至少現在的你可以明白它們確實存在，你也能知道悲劇裡仍有著愛和療癒的渴望。這不是在合理化

惡行，也不意味我們不該憐憫受傷害的人，或是加害者不該受到法律制裁並改過自新，以及接受你們的社會視為合理的任何處置。

這太奇怪了。生命的神奇魔力、美好和我們的力量到哪裡去了？

擁有力量之前，你必須擁有理解。如果你相信壞事會毫無緣由地發生在任何人身上，你就無法成為你夢想成為的一切。唯有奇蹟是真實的。如果你現在能明白你被給予的機會，並因此對地球人生少了即使一個疑問，你就離做為有意識的、謹慎的創造者的寶座更進一步了。這是你的寶座，你在寶座上監督你的王國，這裡永遠存在著秩序、療癒和愛。

想想，你通常不必每天、每週或甚至每年都面對天災。事實上，許多人一輩子不曾經歷過嚴重天災。當然，意外與挫折可能每天或甚至每小時都會出現，但基於前面討論的原因，這些都是為了更偉大的安排。如果它們每天或每小時都出現，那你真的很「幸運」。此外，更重要的是了解「罕見」的大災難之所以會發生，無論是就個人或更大的群體層面而言，都是源於隱藏在表面下的思想、信念和意圖，**而且前提是在可能性的允許下**；同樣地，創造力的爆發、值得慶祝的事、靈性的進展和喜悅的行星轉化也是如此。這是地球人生的常規，每個人快樂的理由都比悲傷的理由多出至少一萬倍。

地球人生

任何事的發生，都必須你們的思想與可能性相互一致的配合。就災難而言，這樣的機率很低，所以災難才會這麼少。然而，享受生命、成長、擴展與被愛，幾乎都是可能的。那些偶爾製造出毀滅性海嘯的力量，也就是世界各地的每一個人每一天都在使用來創造個人與集體美妙改變的同一個力量。

等等。先回到我身上……我還是不太清楚誰在主宰我的人生。你說「思想變成實物，就像重力一樣是可預期的。」但你也說我們的高我、生命的魔力、神性智慧和宇宙會幫助我們實現夢想。哪個才是對的？萬一我想要某樣東西，但我的高我認為我需要海嘯怎麼辦？哪一個會贏？

先釐清你的高我的概念：你遠遠超過你現在所能理解。你是多次元、活生生和擴展中的神。你**現在**正積極、活躍地參與其他人世，包括過去、未來和別的界域。你們也都是「一」，一個整體，所以也可以說你存在於每個曾經活過、正活著，以及將出生的人之內。然後，有那麼一個「更高階版本」的你選擇了這個人生，你對這件事沒有記憶，但「更高」版本的你依然記得。不要試圖理解這一切，只要知道如果我們要討論你，我們需要一種方式指出我們討論的是**哪一個版本**的你，這樣才能說得清楚。

所以，現在我們可以說有一個「高你」，那依然是純粹的你，他選擇成為你此刻認為是你的你。他做了成為目前的「你」的決

定，為的不只是體驗人類的熱情、課題與情緒，也是要看看你「設計」與選擇成為的那個人的經歷。

正如你經常認為目前的人生是一個「需要擬定策略才能獲勝的謎題遊戲」，在你為每一世人生選擇參數（決定因素）之前，也是用這樣的角度看待。你在每一世選擇自己的父母（他們也選了你）、選擇可能得到的指引、選擇年代和地點、甚至鄰居（如果相關），以及你的教育跟性格傾向。譬如你會多有創造力？你是左腦人還是右腦人？雙手是否靈巧？擅長藝術還是科學？還要再加上你在前世累積的所有特質、技巧跟努力建立的紀律。這一切都是為了看看會發生什麼事：看看你來到地球後，會如何處理人生裡的大小事，如何對世界做出回應，會選擇什麼目標以及如何邁向目標，看看你會提出什麼疑問，會說出什麼答案，你會害怕什麼，你會親近誰，跟誰做朋友等等等等，無止境的下去。為什麼？因為你可以！因為很好玩！因為你永遠安全無虞！因為可能會發生與不會發生的一切，都將使永恆的你更加豐富！

你來到這裡的這個選擇是發生在一個「更高」的層面，不意味是「更好的」層面，只是「另一個」層面。而從實體生命啟程的那刻起，所有選擇是在地球層面決定，在做為凡人的你生活的幻相裡。有些選擇是有意的，但在你完全明白思想變成實物的真相前，多數選擇都會是無意識的。

除了以你的身分來到這裡，你的高我沒有隱藏的計畫，因此高我不會希望你遇到任何與你的願望相衝突的事。就算是膚淺、

地球人生

幼稚或有害的渴望也被一視同仁。如果想知道自己的誤解，還有什麼比把那些你想要，但絕不會帶給你喜悅的事物顯化在一個幻相世界裡更好的方法？而且每個人都能安然無恙地從這個幻相世界歸來。不只是永遠不會有衝突，事實是，隨著你人生展開的過程，地球層次與更高層次的「你」會是同步的。其實只有一個你！地球層次的你在人世的渴望，就是更高層次的你做為的你所想要的！你們實為一體。

也就是說，更高層次的你**想要**矇著眼睛住在幻相裡，並且徹底遺忘真相，為的是找到「他的」方向、認識自己，並且重新發現生命的真相。為什麼？因為「他」可以。別忘了，因為這樣「很好玩」。所以「他」才會在這裡，做為你。你就是他，矇著眼睛，在這裡，在地球層次。你為他思考、發言、決定一切。**你就是他**。你們之間不可能有衝突。只有你想要什麼，而你的高我想要的就是你現在在這裡。

最後，為了幫助你理解，讓我們假設今天在世間的你酷愛流浪，你決定生平第一次前往遙遠又陌生的加德滿都。為什麼？因為你可以，因為看看會是怎麼回事很好玩！所以經過幾個月的準備和計畫後，你終於出發。你在古老的廟宇和地勢起伏的巷弄裡漫步，你來到一條岔路，此時你憑藉本能、知識跟順眼與否來決定要選哪條路。這時的你會去想半年前坐在家裡的「你」會選哪條路嗎？你會擔心自己的選擇跟那個「你」不一樣嗎？不會的，這是挺荒謬的想法，對吧？當然。

但你說我的高我，或生命的神奇魔力或力量之類的，會把「細節」都安排好。這是怎麼回事？

　　每一次顯化的「細節」，都是由生命的神奇魔力、神性智慧、宇宙或你的高我安排完成。明確地說，任何這樣的說法純粹是要強調這樣的策劃、計算與決定還沒有完成，也無法由在地球層次的你完成，因此你不用擔心，但這並不意味有另一個獨立於你的心智，主觀地給予或剝奪你跟其他人的機會，雖然這確實會使人這麼以為。

　　事實上，**思想變成實物**的形而上原則，就如其他物理原理，都是自動、自然和完美得精準。它跟重力一樣，一直都是在啟動狀態。它一直存在。就如我們會說重力「幫助」大石塊找到滾下山坡最快的路徑；同樣地，你的思想「知道如何」找到進入你地球人生的最快路徑（也就是使夢想成真）。兩者都不需任何決策過程，僅需自然力和生命輕鬆且自動地運用各種要素。

　　顯化是「在其他地方完成」的觀念，將傳統中有個主觀的上帝決定誰在什麼時候會發生什麼事的世界觀，委婉銜接到一個較正確的呈現。因為事實上，主觀性並不存在。並沒有一個手裡拿著計分表的憤怒上帝，也沒有溺愛你的仁慈宇宙。這個實體世界只是像鏡子般地反映你的思想、信念與期望，鏡子不會說謊，也不評判。鏡子如實反映。

　　生命唯一的主觀性是在於你，在於你如何詮釋、感覺、想像

地球人生

或回應你的創造，無論你是否知道它們是你所創造。也因此刺激的冒險於焉誕生！玻璃的鏡子跟實體世界的「鏡子」之間的唯一差別，在於前者自動提供反射的影像，但是由時間與空間建構而成的地球人生，需要耐心等待你的新想法與各式各樣的想法融合一起，包括共同創造者的想法。

也因此，你可以知道，在任何人生命裡發生的每一件事，從出生那一刻起，都是來自他們地球層次的心智／思想不停串流的共同顯化與先前相關決定的影響（比如父母、身高、膚色、教育、結婚對象等等）。

我最後是否有可能失敗？我有可能無法回到這一切開始的「地方」嗎？

想像一下，假設在你一頭栽進時間與空間之前，你正思考各種選項：

你凝望永恆，知道自己擁有想做任何事的力量與自由。

有一天，你在思考無窮盡的選擇時，一位朋友告訴你：「嘿！我們一起去時空叢林怎麼樣？這是近來最流行的活動！超刺激！超嚇人！我們到了那裡會暫時忘記自己無所不在，無時不在！」

震驚之餘，你充滿好奇，你問：「如果我選擇去那裡，會不會碰到壞事？」

「絕對不會，你不會碰到壞事……不過，那裡的人相信生命結束就等於死亡。看起來可怕，但其實無害。只要一眨眼，**真正的你**就又活起來了。但在你死去之前，你會天生想追求成功，你有著快速改變情勢的力量。而且無論你到哪裡，都有豐沛的愛在你身邊……只是有時你不一定看得見。」

「我有可能回不來嗎？」

「天啊，不，不，不，當然不會啊。那是不可能的！事實上，這整場戲都發生在『這裡』，只不過你會以為你在『那裡』罷了。」

「我隨時都能找到協助嗎？會有朋友在附近？我還能擁有超自然力量嗎？」

「喔，當然！**你的思想將變成實物，你的話語將給你翅膀！**曾經是神，永遠是神！那個地方充滿天使，你只要說聲『哎唷！』祂們就會來幫你了。」

於是你「排隊」等待輪到自己去「空間」的機會。你也許已經等了一百萬年，只為了等到**此刻你擁有的**機會，為了成為現在的你，好去相信這虛構的世界，好讓你擁有大膽、勇敢、刺激和嚇人的各種冒險，而這些冒險都是你在神的掌心裡演出自己的人生時所創造出來的。

此時此地，你的雙眼跟耳朵就是神的雙眼跟耳朵。你的臉，就是神在時空夢境中醒過來的臉。請對在戰爭與混亂裡受苦的人展現慈悲。請對因天災而受苦的人展現慈悲。請對**每一個人**展現慈悲，因為他們是你靈魂的兄弟姊妹。帶著這樣的開闊心胸和參

地球人生

與人生的意願，好事會變得更好，而且在你的生命裡會發生得愈來愈快。不是因為你被評定有資格遇到好事，而是因為你的振動頻率將與生命的真實本質和豐饒和諧共鳴。

第七章

我要發大財

發大財還挺適合我的。

有人可以
輕鬆致富嗎？

為什麼通常賺最多錢的人，
都是沒有靈性的人？

會不會有些人這輩子
註定「很窮」，
為的是學習過匱乏的
人生？

我很…自私…如果我
就是自私的人怎麼辦？

能不能給我
一張賺錢的
小抄，步驟說
明書，或類似
行動計畫的東
西？

付出真的能帶來
收穫嗎？

如果思想真能變成實物，
為什麼不是人人都發財？

我們可以討論一下比意外、挫折跟災難更「現實」的主題，也就是金錢嗎？譬如，我怎樣才能有更多錢？希望自己有錢是被允許的嗎？

現在是擺脫你因為對自私（自我中心）的誤解而產生的罪惡感的時候了。稍早我們談到要尊重個體。這包括財務方面的尊重。渴望金錢能帶來的自由並沒有錯，因此追求金錢本身也沒有錯。自我中心只是神性透過你的一種表達，也是慶祝生命眾多的可能性之一。所以去吧，去追求你的一切渴望。**這就是渴望的存在目的！**

有件事你也許會很驚訝：你們的世界事實上正逐漸離開一個錯誤地過度強調群體而不夠重視個體的年代。這個失衡原是為了以較靈性的取向面對生命裡的優先順序——以他人的需求為優先——然而那些鼓勵這種作法的人士，亦即宗教與政治領袖，自己卻往往背道而馳。他們擁有權勢並想把罪惡感當成一種操控工具，要求個人抑制對追求自身幸福快樂的熱情，而去增進集體和掌權者本身的利益。

但集體並沒有一個可以去愛的心，也沒有可以被愛的靈魂。沒有可以理解每個成員個性的心智。任何團體裡的個人構成了集體，但他們永遠也都是個體。當成員們自然地尊重自身「不完整的感覺」時，他們會熱切地往減少自身恐懼和痛苦的方向發展，並使自己更健康和快樂；加上他們將以同樣方式協助其他人的生

地球人生

活，也因此真正地幫助了所謂的集體。

　　別再把這樣的人生態度視為「自私／自我中心」，因為你們對它的一般定義是：為求一己之利而**犧牲他人**，過度放縱、冷漠和貪心。仔細想想這個較老舊的傳統定義，你一定會看見它站不住腳的地方。如果你的進展是犧牲了自己所愛或關心的人，切斷了你跟伴侶、家人、雇主或社群間的連結，你真的是在進步嗎？你不會**一直**耿耿於懷嗎？當你了解「思想變成實物」，這點就份外清楚。如果那樣的作法（為求一己之利而犧牲他人）是你的振動頻率，你將吸引同樣振頻的人。而你現在知道了自己的永恆本質，它表示你的振頻和其迴響將在這世結束後繼續跟隨你，因此就算你在這世「僥倖躲過」的事也不會像逝去流水般地過去，除非你改變自己的振頻。

　　去吧，去追求你的一切渴望。這就是渴望的存在目的。

　　仔細想想，如果你是要利用**這樣子的**自私／利己手段才能有進展，那麼你剝削別人，你也會被別人剝削，你其實並沒有任何進展。因此，恕我直言，誘發你的並不是**真正**對自己有益（利己）的考量，而是心靈上的**愚昧**。

前面討論過，由於我們都有與生俱來的不完整感，我們渴望成長、進步、擴展、更有效益和活得更久。所以說，每個人天生就是自我中心／自私的。那是你內在神性的副產品，是尋求永恆成長與擴展的神性火焰。這也表示你所有行動都會自動考慮到你所愛的人，並進而延伸到整體人類。那些認為可以犧牲他人來擴展自身經驗的人，只是顯示了他們的無知，並抵銷了他們與生俱來的成功**傾向**。

　　此外，就如先前說到的，真相無法永遠被掩蓋。因此，在這一世或在靈界進行最後的人生回顧時，每個人都會看見其他人的真相。大家都看見你在背後把十個人「拉下來」，因為你覺得這樣才能領先……委婉地說，這**很尷尬**。而且你甚至在最後回顧之前，都距離快樂相當遙遠，因為你會持續活在擔憂和恐懼中，恐懼別人會以其人之道還治其人之身，因為你顯然相信自己是活在一個這樣的行為可被接受的世界。你事實上是在跟自己過不去，因為你不知道你們都互相連結，你們實為一體。你沒意識到在一個幻相的世界裡，每個人都不虞匱乏，你不須透過欺騙、偷盜或誤導來得到你要的東西。

　　自我中心如果被適當表現是神聖的。你們需要在靈性上理解，當你尊重你的夢想，你將表現出最棒的自己，這包括**你自然會慷慨對待你愛的人、全人類和這個世界**；此外，能讓他人臉上綻放笑容而非愁容，理所當然有助你的幸福快樂，而且對你跟大家都有益處。

地球人生

除了夢想有更多錢外，有沒有更靈性的夢想？我是不是太物質主義了？

一切都是心靈，物質事物更是如此，因為它們得到大量思考與信念才會成真！人有錢就不靈性的見解根本不是「規則」。只要想想，如果你有很多錢會怎麼處理？如果你籌資了一千萬美元，捐兩百萬給協助飢餓者的慈善機構，是不靈性嗎？這不是在散播財富和愛嗎？如果你用金錢為子女跟孫子女設置大學獎學金呢？或是帶他們到國外旅遊，親身體驗不同的文化？或是創業、雇用員工、為家族累積財富？或是在從事創投業五年、十年或二十年之後，設立自己的非營利組織，為世界的未開發地區引進技術、電腦與網路？即使你沒有給出任何東西，如果只因賺大錢會使你快樂，也沒有什麼不對。

上述都是金錢才能提供的自由。並非所有美好的事都一定要靠金錢才能做到，當然，你沒有錢也一定可以快樂。這是你的人生，你有權決定要不要追求財富。但無論你如何決定，都是時候釐清物質財富並不靈性的觀念了。

為什麼有時最沒有靈性的人卻似乎能創造最多財富？

首先，這個問題預設的前提是有些人「沒有靈性」。不是這樣的。這個問題非常錯誤，因為每個人都屬靈，都有靈性。世上

沒有任何一種情況，沒有任何一個人，不是神性表達的某種形式。萬物皆有靈性。

其次，你的問題再次暗示有一個，或應該有某種評斷方式來決定誰得到什麼。**並沒有天國或上帝對地球人生的評斷**，除了你自己的，而你的評斷並沒有關係，除非它使你不快樂。知道了這點，你就能移除阻擋在你的致富之路的最大障礙之一 —— 你必須要被「上帝」評估值得才行。

最後，無論你說那些行為惡劣的人「不和善」或「沒靈性」（前者是可能的），至少你已經注意到要過得豐盛並沒有什麼非通過不可的「行為良好測驗」。酷吧。你是被愛的。你已經跟你需要成為的一樣好。你已經做你該做的了（透過來到這裡），無論你在這裡的表現如何，你現在所居住的叢林就是勝利者的創造圈。

如果我選擇在這一世體驗匱乏、貧窮與縮衣節食呢？

相信天意、命運或業力是絕對真理，就等於拋棄你自己的力量。任何事都有可能發生，就這樣。除了你寫在思想、信念與期待裡的「創造」，沒有什麼是無法改變的。就算如此，你還是能改變思想。

在那些同樣具限制性的想法裡，有著更多令人迷惑的雜念，像是生命的目的、人生使命、律法／教規，或你在人生裡該做的

地球人生

事。**自己決定**。就這麼簡單。你是在這裡決定自己人生的樣貌，然後付諸行動。你有特定的強項、興趣跟渴望，遵循它們。這不是為了實現命運，而是它們就像提示，告訴你哪裡最好玩、哪裡可以學到最多，可以有最多收穫。這是你活著的原因：要看看那個跳進時空叢林的勇敢決定會有什麼結果。

↔

並沒有天國或上帝對地球人生的評斷，除了你自己的。

↔

　　從來沒有人為了要知道痛苦而選擇人生。為什麼要這樣？神去祂想去的地方，沒有人想餓死，就像沒有人想被鎚子敲頭一樣。然而，他們可能選擇一個很具挑戰的人生，也許是嚴峻、威脅生命的挑戰，但總也會有別的原因，譬如，因為愛、家人、團體、學習、成長與／或樂趣。雖然你可以指出有人過著赤貧的生活，而你看不到這樣的人生有任何值得之處；也或者那些生命消逝得太快的受苦孩童，甚至嬰兒，他們只來得及認識痛苦，但這並無法證明他們的生命沒有值得之處，也不表示這些個體的目標沒有實現。你是住在一個屬於神、源於神、為了神的世界裡，不論選擇出生在任何時期，永遠有秩序、意義、目的，更重要的是，有愛。也因此，你帶有實現成功的高度可能性，財務和各方面都是。

不可能這麼簡單！不然人人都成了大富翁。

　　首先，西方人可能較難理解，但並不是人人都想當大富翁。第二，「錢很難賺」這個想法，會**導致**賺錢真的很難。就像所有信念一樣，這個信念也會成為自我實現的預言。奇怪的是，「錢很難賺」的反證俯拾皆是！今天，地球上有一千七百萬個百萬富翁，還有將近兩千位**億萬富翁**！[4] 富翁人數眾多，每個大陸都有。此外，在大多數國家，你不必有一百萬美元就足以被視為非常有錢的人。因此，賺錢何難之有？放掉錢很難賺這個信念，你就會看到運勢的改變。

　　如果你主要心思都放在貧窮與匱乏，無論是出於擔憂或恐懼，你專注於這樣想法的同時，你也在創造、持續並決定了你要貧窮與匱乏。同樣地，如果你在談及物質財富時，選擇這樣的說法：「賺錢靠運氣。」、「賺錢得靠天時地利人和。」、「重點不在你懂什麼，而是你的人脈。」、「只有早起的鳥兒有蟲吃。」、「機會只敲一次門。」諸如此類的說法都會形成監禁你的牢籠。而這個牢籠，是你自己打造的。

　　機會永遠不會停止敲門。還記得嗎？你住在一個夢境裡。事實上，如果你將在幾個月後獲得人生中的第一個一百萬，這件事微不足道，連地方性的媒體都不會來報導（因為他們不覺得這有

4　譯註：單位美金

地球人生

什麼。）要實現目標，先要有富足的心態，而你只必須知道實相本質的真相——地球人生是你創造出的夢境——然後開始每天「參與」，朝累積財富的方向採取行動，縱使表面看來徒勞無功，你也覺得沒有什麼收穫。

這麼做不難，只是你要在採取看似徒勞無功的行動時，也仍夢想著香檳跟魚子醬。就是「看似徒勞無功」讓多數人打了退堂鼓，但也正是這樣的安排使人生成為一場冒險。這也是人生的陷阱。諷刺的是，崇拜富人的這些旁觀者不知道其實自己也能輕鬆做到，所以他們傳頌著心中的英雄故事，讓「錢很難賺」的謊言更加牢固。富人當然樂意相信這個謊言。大家都在鞏固這個謊言。然後，**思想變成實物**，富有的人得到更多，而匱乏的人繼續失去，因為這就是他們專注的想法！

所以，如果我採用正確的心態，就會吸引財富嗎？

這要看你說的心態是什麼。如果你指的是擬定願望、複述金句、閱讀勵志書籍、結交有見識的朋友，那麼答案是：不會。

如果你在上述加上定期**去做**朝向富足的新嘗試，至少每週一次，你就會成為鈔票磁鐵。

如果一個人的心態有真正和深刻的改變，他們就會為達成夢想自動採取行動，新的行動。這是理解帶給你的作用，它清除所有困惑與矛盾，讓你知道宇宙全力以赴的前提就是你全力以赴。

明白之後，你會每天參與人生，你會行動。你會去做很多事。幾乎任何事都可以，只要你覺得合理，並在現有的狀態盡全力朝你想要的目標前進。以一個愉悅的心，嘗試各個方向，多嘗試不同的事，不要堅持或執著於你特定的努力該有怎樣的結果。要有信心，到最後，你其中一種嘗試將帶你通往富足的正確方向。「思想變成實物」，向來就意味言語和行為與你的思想一致。

那麼，在你的想像裡，對任何人而言，最簡單的參與方式是什麼？

給你個提示：很多人都認為答案是兩個字。

「工作！」是的，就是不懂得釣魚的人做的那件事，我們都在汽車保險桿的貼紙上看過這句話：不會釣魚的人才努力工作。

「我？努力工作？才不要。我看過《秘密》(*The Secret*)，我在等支票主動寄到我家，我就可以直接退休了！而且我的薪水低又沒未來，簡直跟坐牢一樣。為別人工作不適合我。」

這些感受是來自你們都太常**選擇**的對工作的觀點。彷彿對奇妙的人生來說最重要的這件事，時薪只有九美元。如果是這樣的工作觀，任何人都會**理所當然**地感到幻滅，覺得自己走錯路。

你應該做的是換個觀點。

如果你把工作當成你最精采的人生之舞，會是如何？一個隨時間以奇妙方式改變與進化的舞蹈。跳舞的方式跟地點都是暫時的，但你會持續跳下去。不要把工作視為「盡義務」，把工作看成認識各種新朋友的機會，其中有些人會成為至交好友。透過工

作去發現你尚未被考驗的潛能、未被磨練的天賦，透過工作，你能夠幫助世界並製造使富足降臨在身上的機會。

　　但工作不是人生最重要和唯一的事，它只是過程。就像你要先揚帆，宇宙才能讓風灌滿船帆；你要先為自己製作吸引奇蹟跟緣份的避雷針。更何況辦公室還會有點心跟其它好康聚會。

←――――→

正如「鏡中物體的距離實際上比鏡中所見為近」，
努力的顯化結果也必然比你想像得更加精采。

←――――→

　　當你知道富足是最終結果，而你願意透過一小步一小步的行動，包括努力工作和你對邁向豐足的**任何想法**（不限定方式），神奇魔力就會被釋放。它或許不會只花一天就出現。甚至不會是一個禮拜或一個月，一年或兩年，但這不表示你的努力沒有用。說不定得花四年。記得，你有遠大的夢想。當夢想真的實現時，你就會說：「哇，還真快！」、「哇，好簡單！」、「根本就是命中註定！我早就知道我可以走到『這一步』。」這一定會發生。當然，到那時候，你的人生與成就會比你曾想像得更棒。正如「鏡中物體的距離實際上比鏡中所見為近」，努力的顯化結果也必然比你想像得更加精采。

好像還是太容易了……

　　沒有比活在一個思想變成實物的世界更容易的事了……要是你知道自己腦袋裡每天出現的六萬個想法是什麼，知道它們不會自相矛盾，而且生起這些想法的信念都能賦予力量、都很豐盛，並且是基於存在的真相。是的，如果你選擇出生在原始時代就沒那麼容易，但即使如此，仍會比你相信和看重的「流血、流汗、流淚」的方法容易許多，而且你們認為這樣的方式還需要一些運氣跟人脈。

　　重點不是錢難賺，錢並不難賺。重點在於掌握跟你的實相有關的真相，然後配合真相努力，儘管全世界不這麼想，儘管你的過去也非如此，儘管充滿挑戰。挑戰意味著冒險！你一定可以做到，想想回報……財富！幾百萬！加上朋友、歡笑，還有愛、療癒和自由。所有你現在心裡渴望的東西！就像你來到地球前，在時間與空間出現之前，你曾經渴望「更多」。這表示你現在的狀態就是你過去的渴望，那時的你清楚知道自己在做什麼。這不是要你維持現狀，而是在告訴你，你可以改變現狀！

　　如果賺一百萬跟你所想的一樣「容易」，而且**每個人**都能做到呢？如果擁有名車很「容易」，每個人都擁有一輛呢？如果讓一家公司成長很「容易」，大家都有公司呢？這些事還會吸引你嗎？**你**？不，不會的。**容易**很無趣。**尋常**不吸引人。要是你每個週末都中樂透，走到哪裡大家都努力討好你，不停地遇到白馬王

地球人生

子或白雪公主，你無法想像那樣的人生會有多可怕無趣！你想要體驗一切，你想體驗完整、真實、未經修飾的版本。你不是為了想體驗「容易」才來到時空叢林。

來到這裡之後，每個人都告訴你生命很艱辛，人類很壞，所以**「容易」看起來當然很棒**。忘了這些吧。找出真相。了解真正的自己，**明白顯化的機制**，這會使你的每個成就、朋友與勝利更為甜美。

你知道比「登頂」更棒的是什麼嗎？迷路之後才終於登頂。

這些聽起來都很棒，可是有時候我們實在很難一直掌控我們的思想、話語跟行動。能不能給我一張小抄，或是告訴我詳細的步驟？

《在時空叢林開啟豐盛的二十一個步驟》聽起來怎麼樣？

有這種東西？

第一步：去做夢！定義你渴望的結果，你渴望的富足生活！
大家都是這樣告訴自己的孩子：「去做夢，因為夢想確實會實現！」因為你們直覺地知道這是真的。思想變成實物。因此你有責任開始做夢，因為這對你很重要，尤其是跟富足有關的事。財富與自由。想像奢華生活的細微感受。列出豪宅的各種細節，包

括地點、屋頂樣式，窗外的景色是森林、湖泊還是山脈？愈詳細愈好。全部列出來。用**你自己的方式**定義富足。不是**如何**創造富足，而是**擁有富足之後**，你的人生會是什麼模樣。你要去哪些地方？跟誰一起去？你的第一個新嗜好會是什麼？**下一個**夢想是什麼？

第二步：**每天觀想**。這是付出最少卻得到最多的方法。如果你明白思想可以變成實物，這個練習給你機會去謹慎選擇與思考你想在實體世界實現的想法。每天給自己幾分鐘去想你最瘋狂的夢想，就好像你已經在過那樣的生活一樣。

第三步：**製作願景板、剪貼簿，把名言佳句放在家裡看得見的地方**。這個方式可以把漫遊的想像引導為你想具體體驗的事情或情況：把圖片放在冰箱門上、浴室鏡子上、包包裡、皮夾裡、車子裡。這會為思想成為實物增添燃料。這些道具會時時提醒「你的真實身分」，也就是這些照片跟名言佳句裡的你。做這件事很簡單，不需要意志力，只要重新引導你的想法，就像是重新設定長期被你忽略的系統，為的是成為有意識的顯化高手，而你原本就具備這樣的能力。

第四步：**在你知道下一步要怎麼做之前，先把眼前的事做好**。有哪些替代選項？離職等待？在你知道自己該怎麼做、能怎麼做之前，先把目前的工作做好。當然不是永遠，也不是要你將就。但因為離職、無所事事，會是最沒無效益的作法，既然你還不知道該怎麼做，貿然離職去做另一件不確定的事也同樣沒有意

地球人生

義。說得清楚些，你不但該按兵不動，更該把眼前的事做好。換言之，繼續做你正在做的事，但把它做得更好。這樣你才能讓自己離開目前這個情境。

很多時候，那些討厭工作的人以為沒人知道。其實，就連每兩個星期才來一次的送貨員，都知道這家公司的哪些人不喜歡自己的工作。沒人想親近他們，更不用說讓他們升職或交付他們新任務。同樣地，大家都知道哪些人盡心盡力，把事情做到最好，大家都想親近這樣的人。所以這個步驟可以讓魔力找到你，也能為你建立人脈和能見度，使你成為更好的人並有些新想法。

第五步：做最明顯的選擇，不斷嘗試新事物。如果你不知道下一步該怎麼做，也許因為你失業了，也許是剛開始新的工作，你可以想想其他同事，那些跟你有相同處境的人會怎麼做，即使他們可能不知道生命的魔力。你**做什麼**遠不及你**切實去做**重要。採取合乎邏輯與直覺的行動朝富足前進。你已知道生命的機制，知道自己的價值與力量，你擁有遠大的目標，因此就算是跟同儕做一樣的事，例如，要求加薪、建立人脈、打行銷電話、跟業界團體交流、進修、投資、學習買賣技巧、建立網路形象等等，基於上述原因，你**將會**得到不一樣的結果。

你注意到剛才強調的是**不斷**嗎？無論你在哪裡，你都是一個變化中的造物，活在一個變化的世界裡。你永遠會有新的和進化的渴望。這是計畫的一部分。改變是好事，也是健康的。你會持續成長，變得「更多」、「更好」、「更新」。在你掌握如何富足後，

你一定也會擁有「更多」、「更好」、「更新」的生活。當然，這也適用於你人生每個領域的渴望。

為你的人生創造新機會與可能性的最棒方法，就是不斷嘗試新鮮和不同的事物。你做愈多，宇宙能為你做的也愈多。

你知道比「登頂」更棒的是什麼嗎？迷路之後才終於登頂。

第六步：配合豐盛的信念。還記得前面提過的整合與建立新信念的權宜之計嗎？過程是這樣：

1. 儘可能列出越多能支持你跟你的夢想的信念，然後，
2. 把這些當成你的信念，讓自己的行為與這些信念一致，如可能，每天練習。

因此，如果你的目標是豐盛，能夠支持你的信念可能是：每個人都不虞匱乏；金錢可以發揮高貴的價值，值得付出時間與精力獲得；你的思想成為實物；「你的」豐盛將幫助別人實現「他們的」豐盛；擁有金錢能幫助你支持你最喜歡的慈善機構；你有點石成金的能力；財富與豐盛總是圍繞著你；金錢被你吸引等等諸如此類的想法。

列個清單，時不時補充，經常思考，直到你看到它們的可行性與真實。說出這些信念，把它們當成自己的，並**依這些信念行動**。

第七步：把你所做的一切視為通往偉大的跳板。觀點決定一切，而你永遠可以選擇自己的觀點。就算你現在的工作不是夢想中的工作，也不要覺得自己是在將就；把它看作是「進步」的跳板，是暫時的，把它看作是宇宙接觸你的唯一途徑。光是這個觀點就足以改變你每天的感受，並且吸引機會。

第八步：想想自己喜歡與熱愛的事。有太多人想要跟自己喜歡的搖滾巨星、企業偶像或運動明星一樣，於是把他們當做成為的目標，而不是成為最好的自己。你擁有**其他人都沒有**的特質，**其他人都沒有**的感受，你可以夢想**其他人都夢想不到**的事，請好好把握！這是為什麼「神」選擇成為你。你是神聖的！必要的！被愛的！請好好做自己！任何職業都能帶來富足，只要看看這個世界就知道，選擇與你最有共鳴、讓你感到活著真好的工作。

第九步：去吧！開始行動！就是現在！就是今天！前面已經討論過，改變生命的機制是：

如果你想改變，你就必須先開始行動。

你必須改變，而這個改變必須從某處開始。所以，如果你想要富裕的生活：你要如何改變？你又會何時開始？

這兩個問題值得你立刻思考。記得，光是知道真相絕不足以改變生命。你必須採取行動。

第十步：不要堅持細節，也不要執著於那些註定無用的「方法」或「人」。

如果你的夢想是富足，請明白你想要的遠遠不只是一輛好車，也遠遠不只是一張合約、一棟房子、一椿生意或一本你想出版的書。跟富足與精采人生的整體價值相比，這些通通微不足道。你之所以想要富足，就是想活得精采，對吧？你要堅持跟執著的是全貌。拿起杯子，要求裝滿水為止。每天尋找機會，無論機會大小，朝你必然的成功方向邁進。如果你想成為作家，請大量書寫。寫詩、寫散文、寫部落格、寫書。把你的每篇作品傳佈出去。如果你從事房地產，那就去建立人脈、演說、了解市場、熟悉房價、研究行銷、閱讀成功人士的故事、磨練銷售技巧。

無論是哪個領域，讓宇宙幫你把分散的點連接起來，管理細節，為你找到對的合約，讓你在對的時機遇到對的人。當你在想像你渴望的細節時，請務必**符合你富足的精采人生**，但不要堅持細節如何，只堅持要有精采的人生。想像會令你期待結果的細節。你因此為「更好」的發生預留了空間。

第十一步：多用邏輯。剛接觸靈性知識的人常有個矛盾的誤解，他們以為只要跟隨自己的心，宇宙就會安排好其他的事。然而，忽略邏輯的美好與力量，就跟忽略心靈的美好與力量一樣魯莽。兩者並用才是解答。

多用點邏輯和務實思考是激發生命魔力的絕佳方法。你可以透過邏輯推斷出下一個機會在哪裡，你可以去那些最有潛力的地

地球人生

方，你可以知道你該如何努力，你可以判斷該敲哪扇門。不必過度依賴邏輯，但用它來讓自己的旅程獲得理性和心智上的平靜，並對盡己所能的結果抱持信心。

明確說來，運用邏輯不是要確定你是否採取正確步驟，或有沒有在對的時機來到對的地方，這樣壓力太大了。運用邏輯是為幫助你所有的努力成效加倍，更有效益。

第十二步：恐懼出現時，勇敢面對。因為恐懼一定會出現，因為它們會是你的恐懼絕非意外。

夢想，就本質上而言，很可能是你從未體驗過的事，因此你才會有那個夢想，對吧？這意味如果要實現夢想，你必須去你從未去過的地方，對吧？扮演你從未扮演過的角色？但去那些地方、扮演那些角色的過程中，當環境稍微令你不自在時，你很訝異。你突然間感到恐懼，心想：「喔，糟糕……這跟我想的不一樣！這一定不適合我！我不敢往下看……既然宇宙愛我，而且還有『吸引力法則』，我何必非做這事不可？我想我還是回家好了，在三十天內把《秘密》再看個三十回！」

恐懼是正常的。恐懼意味你在對的時機來到對的地方。堅持下去，繼續做那些會誘發恐懼的事。擁抱你的恐懼，轉換你的觀點：「喔，我的老朋友恐懼**又來了**。它總是在我學習很棒、很驚人的事時出現。」

恐懼是工具，它讓你發現你的盔甲上有裂縫，於是你可以填補裂縫、擦拭盔甲，使盔甲閃閃發亮。

第十三步：用輕鬆的心情準備那必然的「到來」。這就是稍早提到的，你的行為要「當作」夢想即將成真，或更進一步，當作夢想已經成真。這同樣也是催促你採取行動，但原因跟一步步嘗試完全不同。一步步嘗試的目的，是讓透過結果而召喚來的神奇魔力能找到你。而在這裡，這個時候，你在假裝轉變就在眼前或是已經發生。你的「內在見證人」看到這個出乎意料的嶄新行為，使得你的大腦迅速建造出全新的思想公路（科學上稱為神經路徑），打造出新的思考模式並鞏固你對實現成功的信念。

舉例來說，假設你今晚訂了傢俱，預計週四上午送到。從現在到週四上午傢俱送達之前，你會做什麼？你會為**必然**將送到你家的傢俱做準備。你會**實際地**安排現有的傢俱，挪移出空間擺放新傢俱。你說不定會買一組新枕頭或一張小地毯來搭配，對吧？你不會在買了傢俱之後，天天擔心：「萬一傢俱沒出現怎麼辦？我該怎麼做？我要如何處理？」它當然會出現啊！

挫折永遠是為了準備迎接比你原本的要求更好、
更可靠的顯化。

現在就讓你的行為跟你的夢想一致！你的夢想當然會實現！你向「有智慧、慈愛、神奇的宇宙」下了訂單，它可是比傢俱公

地球人生

司厲害多了。現在就準備好。無論你訂了什麼，**現在就開始準備**。辦一場慶祝會。製作新名片。為它的到來做準備，因為它就快到了！就算你現在還買不起「新傢俱」，但你買得起「新枕頭」吧？現在就買，當成一種宣示，表現得就像你**知道**你很快就買得起搭配新枕頭的「沙發跟椅子」。

第十四步：**不要只以身體感官評斷你的進展，或看似的沒有進展。**還記得那個GPS的比喻吧，你的身體感官看不見時空布幕後的魔法與奇蹟，就像你用GPS導航看不到目的地實景一樣。無論如何，你都必須走完全程並抵達目的地，才會知道系統沒有令你失望。只有到了那個時候，所有神奇的事才會明顯。因此，只因為表面上看來你沒有朝富足邁進，或可能有挫折與挑戰，都不代表有什麼問題。重要的是，你要保持你的願景，不論表面看來如何，你要持續採取行動。挫折永遠是為了準備迎接比你原本的要求更好、更可靠的顯化。

第十五步：**持續要求協助、指導與意見。**向任何已經達到你夢想中成就的人士尋求協助。不要害怕。不要認為這樣很丟臉。人們樂於協助。他們是偽裝的宇宙。高處確實不勝寒，現在在高處的人已看到自己的許多夢想成真，他們不再追求什麼，轉而希望幫助他人。而他們最先幫助的，就是向他們求助的人。

第十六步：**持續提供協助、指導與意見。**同樣的，秉持相同精神去支持別人。目的不是爭取「上帝」的同情與欣賞。從來就沒有那個要審判你的存在體。你伸出援手不是為了要感動任何

人。你幫助別人是因為當你這麼做，尤其是在你願意協助的領域，你會是改變世界的人。幫助他人的另一個好處，是你突然會以全新角度並遠為客觀地看**自己**。

還有……最棒的是，透過幫助他人，無論你能做多少，你都展現出你對「兄弟情誼」、團隊力量、志同道合的精神、愛的美德和豐盛人生的信念，以及你擁有助人的力量與能力。這些信念都將更被強化。幫助他人也證明了你**不相信**自己是匱乏和脆弱的。

第十七步：跟志同道合的人相處（對這本手札描述的真相已有覺察的人）。那些把富足視為「常態」的人的視野、觀點與對話，有助你的思想和信念與他們一致。別害怕，就算你沒有人脈，也不會受到阻礙。你也不會因為有匱乏和「負面」心態的同事與家人覺得你不切實際，就被他們的意見影響。這裡列出的其他步驟都絕對足以打開你的富足閘門。一如以往，運用你現用的資源，在你現在的位置，盡力而為。

第十八步：了解你生來就是會成功。就如你一再聽到的：你來到時空叢林的目的，就是帶著喜悅和愛去玩耍、體驗和成功。你天生具有的神性，就是會在各種環境，以各種方式欣欣向榮。你一定要知道這點！請用心體會，深入思索。透過書、CD、DVD與各種事件讓自己沉浸在真相裡。當全世界告訴你：「你愈來愈老，愈來愈胖，你大不如前了，你正在崩壞，你的時間快到了。」這就是反擊的時候。別忘了，你有成功的天性，你的一點

地球人生

點努力就能打破別人多年來抨擊和悲觀心態造成的影響。慎選各種閱聽內容和節目，無論是書寫的、錄音的或直播的，選擇有助保持你心靈頻率的內容。接觸能啟發和撫慰你，讓你感受到愛並提醒你保持正面的訊息。

第十九步：休息、玩樂，讓自己休假。這些步驟並不是要增加工作時數或工作得更辛苦。而是要你在創造富足時能更有智慧，也活得平衡。

因此，讓自己放個假，好好去玩，滋養你的情感／人際關係，並且把你在這裡發現的觀念與真相運用在生活的各個面向。透過享受旅遊和好好犒賞自己，你也在加速實現心的渴望，包括金錢上的富足。

第二十步：要非常重視公平與責任。社會的公平與責任是意識到你們所有人都是一體，每個人都在盡己所能。生命不只公平，每個人都充滿力量，能透過合作取得所有人的勝利……而且你們一定會勝利。單是如此，就值得你全力以赴。

那些覺得一、兩張帳單不用繳、逃一點稅、欺騙商家、濫用保證或類似行為沒關係的人，將被吸引到由類似頻率波長的人所組成的網絡。

第二十一步：時常慶祝。當你散發喜悅，你的生命也會吸引喜悅，而讓你喜悅的原因也會倍增。慶祝你此刻擁有的一切，提前慶祝即將到來的事物，無論是在物質或心靈上。提前慶祝此刻人生中正在發生的財富上的美好變化，無論你是否已經看到這些

變化都沒關係。為你的新房子、有趣的旅行和一起旅遊的好友舉杯。慶祝你喜歡的工作（與生命共舞）的機會源源不絕。慶祝你想要的一切，就好像你已經擁有它們一樣。為你已擁有的慶祝，也為生日、彩虹和牙仙子的故事慶祝。慶祝未來，就像你所想望的一切隨著高舉的每一杯實現。

全然相信

在你們為自己量身打造的幻相世界裡，無論身在何處，你們都有力量改變一切。在這樣的世界，每個人都享有「足夠」的有形與無形的富足。

體驗、擁有和創造富足都很容易：只要觀察那些已經成功的人就行了。你是正在體驗你的選擇的神性智慧。你選擇暫時相信「這裡和那裡」、「此時與彼時」、「擁有與匱乏」的謊言，因為你可以，因為很好玩；你想看看你的冒險會帶來什麼結果。心想事成是你與生俱來的設定，而金錢只需你最低程度的顯化能力。你是地球這個神聖領域的國王，只要你出現在這裡，只要你知道了正確的方法，你就能擁有你想要的一切。

地球人生

第八章

你的真實渴望

有「渴望」
是問題嗎？

如果我對現況很滿意，
是不是一種將就？

快樂卻貧窮，
富有卻無聊，
哪個比較好？

有沒有另一種選擇？

如何堅持夢想，
卻又活在「當下」？

更快樂？

最快樂？

我如何能快樂？

我以為還有更多。

真的有人知道自己
想要什麼嗎？

就這樣嗎？

如果物質事物只是道具，而我只要照書中的說法就可積聚，那麼，這一切追求似乎相當膚淺。所以，接下來會是如何？我可以就直接達成嗎？有沒有更有意義的目標是我現在可以追求的？我真正的渴望到底是什麼？

　　你知道你想要什麼，但你還是要問，彷彿這是一個永恆的「不可知」的答案。**你想要幸福快樂**。這是每個探險中最棒的部分，這是你為什麼想要活著、想成長、想去療癒和去愛的原因。你的每一個想望，都是為了要快樂。這是最終極的結果。也就是說，快樂以外的渴望，都是你通往快樂路上的岔路。既然如此，何不從現在起就把它當成你要的最終結果？這其實就是你的問題。

　　由於你一直被教導別的觀念，有人告訴你，你必須找出獲得快樂的方法。人們往往列出像是減肥、還債、找到「靈魂伴侶」或一夕致富這些目標，他們極度渴望達成這些目標，以致於忘了真正的原因是……快樂。對多數人來說，少了這些東西的快樂，就只是「快樂」而已。當面對挑戰和沒有實現的夢想時，誰還想著「快樂」呢？對多數人來說，這時候的快樂意味將就，或就只是運用現有資源。這是多大的誤解啊！為什麼？因為他們尚未理解到快樂**也會**提供捷徑，幫你還債、減肥、找到「靈魂伴侶」、一夕致富，以及實現各種有形與無形的願望。

　　事實上，今天的地球人生在各方面都充斥著誤解；你可以重

地球人生

新定義快樂並配合相符的行為，人生就能重新設定。真相是宇宙輪軸的潤滑油，它能以對你有利的方式轉動，幫助你實現渴望。快樂並不是你夢想成真後的收穫，它是加速夢想成真的肥料。它不是目的地，它是道路。你不該延遲它，而是去感受它。不是明天，是現在。確切地說，我們並不是要你終其一生天真樂觀地盲目開心、跳舞歡笑。我們說的是，活出你的喜樂，而作法是**面對恐懼、處理挑戰、熄滅怒火，即使感到迷失也要採取行動**，你因此變得比你現在所能想像得更偉大。我們說的是踏實的人生，當然，這包括休息、遊玩和隨心所欲。這才是真正快樂的秘訣。

這不是新知。每個人都知道，快樂是人生的真諦……

　　每個人都以為自己知道什麼是快樂，但是從多數人的選擇看來，快樂顯然是他們最不了解的事。遺憾的是，因為你們以為已經知道快樂的意義，所以很久以前就不再討論何謂快樂了。

←——————→

人類喜歡想像快樂的原因是來自外在。
要不然，他們就必須為自己的快樂負責。

←——————→

　　即使到了今天，新時代之初，人類的心靈和心智比過往更為

開放，人們卻依然沒有發現快樂近在眼前。快樂不是必須去達成或爭取的東西，它是一種選擇。人們想要相信自己是在被動地接受情緒，包括快樂，是生命發生在你身上的自然功能。他們認為任何人只要遇到跟自己相同的情況，都會感受到一樣的情緒。彷彿某些天、某些月或某些年，人生碰巧特別順利，所以你覺得快樂；其他日子碰巧不太順利，所以你感到憂鬱。你認為你無力改變情緒。事實上，與表象相反的是，每一天的每一秒，你都能選擇開心與否。感受從來就不應該是有條件的。

據說一位深受愛戴的已故美國總統（林肯）曾說：「對多數人來說，快樂存乎一心。」一般人（你不是那麼一般）聽到這句話都會莞爾一笑。這證明這句話頗有道理，對吧？如果你說：「太陽每天早上都會升起」，沒有人會笑，因為你的生活節奏建立在這個絕對真理。如果我說：「每個人的內在都有神性」，也不會有人笑。但是當你說：「對多數人來說，快樂存乎一心」，大家會覺得這句話挺有意思，**因為每個人雖然都覺得此言不假，但他們自己卻尚未「下定決心！」你呢？不就是這樣嗎？**

人類喜歡把快樂的原因歸於外在，這樣「安全」許多。要不然他們就必須為自己的快樂負責。無論如何，如果你至少開始提出新的問題，發掘新的答案，你很快就會明白，就如你可以選擇會帶來憤怒、罪惡感、期待或恐懼的各個觀點，你也可以選擇帶來樂觀、充滿愛、接納和快樂的觀點，這些也同樣是出於你的選擇。你會發現它不只在現在是選擇，這也是過去你感受到任何情

地球人生

緒的原因。如果是這樣，那麼此刻也必然如此。這表示，如果現在的你不覺得快樂，那是因為你所做的選擇，而這些選擇都是可以修正的。

再進一步說，當讀到你的情緒是來自你的自由意志與選擇，或會令你煩惱難堪，因為這表示你過去感受到的無論什麼情緒，都是你最**想要**感受的情緒。也許不是有意識的、直接的，但顯然你的情緒源頭就是你自己，不是其他人或環境，你的任何感受都是你從所有感受中**選出來**的。

是的，從這個角度來看，就連憂鬱也是個選擇。這點意義重大，因為它把你放在駕駛座上，儘管最初這個概念對你來說難以置信，也可能令人氣憤，譬如，「我剛失業了。我有卡債。我小時候曾被猥褻。我快失去房子了。而你現在告訴我，這一切都是因為我想要憂鬱？」沒錯。你是在告訴我你沒有力量嗎？你會寧願選擇驕傲、飄飄然和興奮嗎？如果你無法停止微笑，你應該會覺得自己有點蠢。「你的意思是，當有人讓我心碎，是我自己想感覺不開心？」沒錯。你可以選擇開心，然而，在那樣的情況下，悲傷事實上會比開心感覺**好些**。向來都是你做的選擇，無論是直接或間接。一旦明白這點，你終於能意識到你可以做不一樣的決定，而你也會開始取回你的力量。

對很多人來說，不快樂反而比較安全。無憂無慮可能會讓人以為人生中的任何失望他們都可以接受。透過沮喪、心碎、嫉妒、悔恨、不快樂等等情緒，你在告訴大家：「拜託，這不是我

的選擇！我無力招架這些糟糕的情況跟瘋狂的人！我很脆弱！你能怪我嗎？要不是有這些白痴，我一定會更成功。但我可是要跟這些白痴打交道！」

我不同意！多數人已完全準備好要為自己的快樂負責了。至少我是這樣。

好，但你是否也準備好要為自己的每一次**不快樂**負起全責？
「**那通常**是別人的錯！」
不再是這樣了。
由於快樂是最終結果，這也同時讓最終的責任成了你的責任。百分之百。如果你能明白這個真相，這也就是你們的世界在意識演化的此刻所面臨的選擇，你會知道你不能拿你的感受去責怪別人，正如你無法拿自己的人生去責怪別人一樣。
你是否已準備好接受這個選擇？
在整個宇宙裡，在你的一生當中，你最需要理解的就是你的快樂。一切都是為了快樂，**一切**。如果不是為了快樂，為什麼有人想要減肥、增進健康或活得沒有痛苦？或是想擁有更多金錢、更多朋友、更多歡笑？人們追求汽車、事業、假期、房子與家庭，全都是為了一個理由：快樂。**自己的快樂**。
就算你相信比起自己的快樂，你更在乎所愛的人是否快樂……**你難道不是**說出了**你的動機**就是**你最在乎的事**嗎？這就是

  地球人生

神聖的自我中心。無論是以自私或無私的面貌，你都必須，也一定要追求本身的快樂。你需要。

你在人生中做的每一件事，都是以**你的**快樂為目標。快樂不僅是最終的結果，也是必然的結果。基本上，你沒有選擇。放棄追求快樂對你沒有好處，其實就算你這麼做，你也是在企求快樂。不論你是用什麼說法或甚至不這麼認為，都改變不了你追求快樂的本質。即使你不選擇快樂，也是為了選擇快樂。

有些人可能會說，人生的意義是愛，一切都是愛。但你應該還記得在比較快樂與愛的時候，我們知道愛是恆常的存在。「你的人生與愛無關，而是與**進入愛**的探險有關。」你的探險才是變數，你對喜悅的追求主導了每一次探險。當你明白快樂無須找尋，而是選擇，這就是你最大的領悟；然後，在快樂裡的你可以無限擴大快樂的範圍，容納更多快樂，更從容自在地生活，因為一切將自然降臨在你身上。

你不是說，我們是來地球探險的嗎？怎麼現在又變成追求快樂？

表面上看來，我們似乎是在玩文字遊戲。但在這類型的對話裡，我們只有文字，而且有文字就已足夠。你之所以選擇來到時間與空間進行靈性的冒險（就像你在人世的渡假），因為這樣的探索可能帶來快樂、喜悅或是樂趣；這些詞彙都可以互相替換。

但是，當你進行愛情、健康或富足的探險時，你誤以為快樂取決於探險的結果是否在你特定的渴望範圍裡。不用如此。

想像有個孩子到他最喜歡的主題樂園，多棒的冒險！光是來到這裡，就是慶祝和開心的理由了，不是嗎？然而，如果他們認為自己必須玩遍每個遊樂設施，坐在每個設施的最前座，遇到每個扮成卡通人物的工作人員，這樣的冒險就成了例行公事；即使他們達成每個目標，樂趣也會大減（相較於把每一刻都當成禮物）。

「把每一刻都當成一份禮物」的意思不是靜靜坐在主題樂園裡，嚴肅地感受內心的感謝：那會**無聊死了**！他們還是會跑來跑去、興奮歡呼、排隊、重複玩某些設施，在計畫下一個玩樂設施的**同時**也隨心所欲。超酷！你明白了嗎？一個孩子到遊樂園一定要完成數不清的遊戲才會開心：這就是你們在地球人生追求快樂的態度；你和幾乎每一個人。現在就開始多些興奮和歡呼吧，就算你是正跑向下一個遊樂設施的途中。

你將會發現，創造更多值得慶祝的人生過程本身，就會讓你快樂。為何不在工作、愛情與金錢方面探險之餘，也同時享受創造它們的過程？為何不丟掉最終的獎賞是取決於結果，或需要某種苦修、犧牲或受苦的想法？

轉念之間，快樂就近在眼前。原來快樂與否，一直都取決於你專注的焦點和認知。快樂一直在你眼前，等待你的選擇。只要跟不快樂相比，你更渴望**快樂**就行了，但有些人連這樣都做不

地球人生

到。請想想，無論你在剩餘的生命裡達到多少成就、讚譽和勝利，這些都遠遠比不上你存在於神聖的時空叢林的事實。這就好像你和每一個人**早就**贏得生命的頭彩！你們已經贏得最瘋狂夢想中的樂透彩券，但你們卻沒有把彩券拿出來對獎，反而忙著買更多彩券！

你現在就**可以**選擇把自己視為贏家，因為你就是。選擇把自己視為贏家，驚人的改變就會發生。你的想法將**更快地**成為實際的情況。你的顯化將會以帶來**更多喜悅**的方式出現。譬如說，除了想法成為「實物」之外，顯化快樂的方式，還有一種是透過「吸引」新朋友與很棒的點子、豐富的創意、重拾的自信、被啟發的行動或勇氣，以及那些對你來說重要的事，以便體驗你想要的快樂。

所以，快樂會使我變得更加快樂？

沒錯！這是物以類聚的道理。你的快樂不只意味當下更多的喜悅，它也跟你的想法一樣，會巧妙操縱你生命裡的人事物，包括已知與未知，你因此遇到所謂的意外、巧合和緣份，而這些能衍生出有形與無形的一切，複製出能一直帶來**更多**快樂的情況與顯化。這一切發生的速度會愈來愈快，因為當你感到快樂時，你的抗拒變少、好玩的事多了，你的擔憂少了，你會更努力嘗試，你會參與、採取行動、你會做更遠大的夢，進而有機會迎接最大

和快速的轉化。

$$\longleftrightarrow$$

不要因為渴望尚未擁有的東西而覺得自己有問題。

$$\longleftrightarrow$$

可以再給我一張小抄嗎？這次給「選擇快樂的二十一個步驟」？

快樂要比累積財富容易，雖然兩者都不難。這一次，你只需要六個步驟來幫助你現在就選擇快樂：

一、丟掉備案

不允許自己快樂是一大阻礙。有三種備案經常阻礙快樂：等待一擊成功，等待那種更「完整」的感覺，等待自己有資格的時候。

等待一擊成功

想要過夢想的生活有個大秘密，那就是今天就開始過那樣的生活，在你的能力範圍之內。也許你沒有錢去大溪地渡假，那換成坦帕（Tampa）呢？你可能還沒找到一起旅行的「雙生火焰」，但你可以自己去，或找位好友一起？也許你就會碰到你的「雙生

地球人生

火焰」……**在坦帕**。不要什麼都不選而等待「一切」自行發生；你可能會等上一輩子。先享受部分樂趣，不但好玩，也會讓你更期待未來的成功，使成功顯得更容易實現也更可信。

延遲快樂不但只會抑制你所有的感覺，還會引發更強烈的無助感，使你倍加沮喪。別忘了，磁吸效應。而這次它會令你更不知所措，因為你的夢想雷達沒有偵測到任何與現實相符的情況，導致你在最需要採取行動的時候反而無力行動。「我夢想的是過豪華的生活，我**不打算**接受時薪低的工作！」

你今天與明日的行動步驟，不會定義你是誰。它們只是步驟罷了。如果什麼都不選，什麼都不做，則會停止你的精采人生。把一步步的嘗試當成嘗試，而不是妥協你的夢想。

等待更完整的感覺

不要因為渴望尚未擁有的東西而覺得自己有問題。也不要因此等到擁有渴望的東西之後，才享受快樂。

還記得**神性的不完整感**嗎？你內在恢宏的證明？證明了神性意識的存在？那種在定義上渴望永恆擴張的意識？這表示它一直的狀態是渴望它尚未擁有的「東西」？這是給予你最棒的禮物之一：確保你一直在動態中。渴望你尚未擁有的東西，並不表示你有什麼問題，它意味一切都是對的，你是在你該在的地方，而神就住在你心裡！最重要的是，這表示你**此時此刻**就有充份的理由快樂。

當然，就如先前所說的，你現在渴望的一切終將顯化。當那樣的時刻到來，你將看得更遠、知道得更多，並且發現你其實可以渴望「更好、更快、更有趣」的東西，於是又生出新的渴望。如果你要直到自己感覺完整才要快樂，那麼快樂和完整的感受都不會出現。接受現在的自己，對現在的自己，對你已經完成的事，對生命的奇蹟感到快樂，同時也每一天都努力成為「更豐富」的自己。

等待自己有資格

　　最後，有些人之所以延遲快樂，是因為他們不覺得自己有資格。他們批判並嚴責自己，因為他們認為自己太懶惰、太雜亂，就是無法集中注意力。他們覺得自己沒有紀律、睡太多、吃太多、看太多電視等等。

　　但是，你有沒有想過，那可能就只是你的休息時間——賴床、閒晃漫步、欣賞落下的雨滴、難過和孤獨，而這樣的時間有助實現你最高的成就與最大的喜悅？如果這些是**必要的**休息與思考時刻，是達成偉大的必要條件呢？你是否會因為休息而有罪惡感？還是會好好享受這樣的時刻？

　　不要對自己那麼嚴格。看看潮起潮落、想想所有事物的平衡與完美，尤其是你的地球人生。這世界並非你所想的那樣，你不會被審判，也不該是某個理想化的完美版本。你從未令任何人失望。你沒有被期待什麼。這是你的遊戲，你可以依自己想像的、

地球人生

神奇的規則生活。

二、勇敢選擇

你必須工作嗎？

你必須接送孩子嗎？

你必須運動嗎？

你必須小心計劃金錢、精力與時間嗎？

你必須注意飲食嗎？

還是……你有沒有特別的、短暫的**機會**去做這些事？

舉個最明顯的例子，現在這時候有些人非常想要工作，但他們找不到工作。有些人想要孩子，卻因某些原因無法有孩子。也有人會很樂意承受那些因伴隨財富、忙碌的社交活動或空閒時間太少而衍生的問題。

此時此刻，全世界都會有人極度渴望過你現在的人生。

你**有**東西可以吃？一天幾次？！

生命是一場切換觀點的練習，各種觀點由你選擇。選擇看見良善、公平、美好、仁慈、神性，你就在為自己增加你原本就選擇的「快樂」的證據與理由。

三、感恩與感謝

感恩與感謝就跟所有想法與感受一樣，它們會吸引類似的想法，最終，顯化出結果，而這個結果又會再次啟動你內心的感受。前面談到的快樂情境，也可以因此不斷重複和持續。

就如所有的思想和念頭，感恩與感謝的心態能夠重新改變你的人生，使你擁有更多感恩與感謝的理由。

一句發自內心的「謝謝」，真誠的感恩與感謝，無論有沒有說出口，都相當於在說：「我收到了。」在這個思想與話語變成實物的世界，「我收到了」會幫助你後來確實收到。這就是話語（無論是否說出口）的力量，加上我們先前討論過的觀想、一步步去做以及表現得就像已成事實一樣。對已收到的事物表達這些感受，你將得到更多同樣的事物。**對自己尚未收到的事物表達感恩和感謝，彷彿已經收到一般，你就會得到**，於是快樂的理由也隨之增加。

關於「我們先前討論過的」內容，雖然感恩與感謝是一種情緒，你現在應該很清楚，如果你想要改變，你就必須具體行動。這是言行相符的表現，表示你跟你想要顯化的改變願景有完整的共鳴。

請在腦海中想像有個人每天都坐在一張豪華客廳的躺椅上，一邊看電視一邊吃甜甜圈。如果這個人突然轉頭對你說：「真是美好的一天。我覺得自己受到祝福。我真的很感謝這樣的人生，

 地球人生

因此也對現在正要發生的偉大改變充滿期待！」你肯定會說：「什麼人生？你在開玩笑嗎？」但他還沒說完：「我好感謝『上帝』給我的禮物。」你真的不明白他在說什麼。「你每天做的只是看電視、吃甜甜圈。」對吧？並不是說他們不能享受邊看電視邊吃甜甜圈的日子，但如果他們想要人生繼續轉變，顯然有哪裡還沒準備好。

⟷

這世界並非你所想的那樣，你不會被審判，

也不該是某個理想化的完美版本。

⟷

同樣地，真誠的感恩與感謝（不論是實際與假裝的層面）有個前提，那就是你能適當使用並享受那些事物。如果你住在美國，對於此刻落在蒙古乾旱小鎮的雨水，你真的能在情緒上感恩與感謝嗎？為了在塔斯馬尼亞發現的新種青蛙？為剛在月球表面上發現的驚人地形？你跟這些事有任何情感連結嗎？同樣地，如果你對自己的富足、健康跟擁有的友誼心懷感恩，卻沒透過具體方式表達，就表示你在情緒上沒有那樣的感受。

不要只用嘴巴說感恩與感謝。進入感恩模式的最好方式就是透過使用自己目前所擁有的（不論多少），把握當下，採取行動，多多參與人生，享受你擁有的禮物（你**確實**擁有），並享受生命

的奇蹟。

四、跳脫幻相

　　生活在時空叢林裡的終極「考驗」（當然跟它最大的陷阱有關，也是你來到這裡的主要原因），是學會時時刻刻跟隨夢想行動，就算夢想和時空與物質的幻相牴觸也不要放棄。你的想法與言行舉止都要像是自己渴望的未來已經實現，而且比你先前的顯化更真實（儘管你每天都必須思考與活在這些現有的顯化裡。）

　　你是無限的存在，只是現在自願「被困在」一個幻相的世界，而身體的感官告訴你這個世界是**真實**的，但這也讓你相信自己是渺小、沒有效益和不重要的。你可以打敗這樣的信念。你知道生命很讚，而且你舉足輕重。如果你無法理解這點並在充滿謊言的世界裡找出真相，你也就不會一直配合演出了。

　　因此，你必須看穿並跳脫幻相，知道自己凌駕於幻相之上！你每天要避免犯下原罪、吃下禁果（亦即咬下蘋果代表的**幻相**），並以為其他幻相是真實的。並非所有幻相都要**徹底**超越或忘卻，有關在水面上行走這點，前面已討論過，那**不是**目標。那麼做有違你來到這裡的原因：在幻相**裡面**探險。但為了你能興奮地盡情享受，你一定會看到它們存在的意義；它們是受你支配的舞台道具，不是支配你的現實條件！

　　譬如，透過感官評估目前的經濟狀況，你可以推測：「喔，

地球人生

我今年變得更有錢的機會看來不高。景氣愈來愈差。消費趨勢趨緩。各項指數都顯示這個情況會持續一段時間。」也或者，你現在就可以選擇往內心看，紮根在真相裡，明白幻相裡發生的一切跟你顯化富足的能力無關。每一天，甚至此刻，世界各地都有百萬富翁正在誕生。**就是今天**，在你方圓百里之內絕對有人正成為百萬富翁。這不是什麼大不了的事。跳脫幻相，重新看見真相。這才是那句聖經箴言的意思。不是「重新信仰某個人為的宗教意識型態」，而是重生為**真實的**自己，一個靈性的存在。你能夠透過思想、話語和行動聚焦注意力，創造出屬於自己的實相。

也因此，現在你是在過自己選擇的生活。如果你想開始記起你的真實身分，過著你知道你可以擁有的快樂人生，那就表示你已準備好醒來，接受這些更恢宏的想法，持續且堅定，不被你曾以為代表實相的幻相影響。

五、想像幸福快樂

創意觀想經常用來想像擁有新車、新房子或新戀情，其實用來想像快樂也一樣有效。前面已提過，想像可加速新車、新房子或新戀情的出現，你甚至無須時時想著這些事。我們在討論感恩與感謝時，已說明想像快樂能帶來更多快樂。

與其想像能使你感到**喜悅**的事物，你可以試試只要想像喜悅。想像微笑、開懷大笑、與朋友擊掌，想像收到祝賀、被安慰、

慢動作握拳互碰、帶著興奮與歡樂的心情。幾天、幾週或幾個月後，這樣的喜悅將以正確的人、工具、信心、靈感，以及能使你真切感受到喜悅的必要情況出現——即使你沒有想到這些情況。這就是之前討論過的「出乎意料的顯化」；「沒想到」的領域被吸引進入你的生活，實現你所想像的快樂。

當你決定要想起自己的真實身分、
展現信念並勇敢活出真實自己的那一刻，
屬於你的將全數恢復。

六、溫和對待自己

得到快樂的最後一點是溫和對待自己。在一個強調立即滿足的社會，每當你對改變感到不耐煩，你會很快就責怪自己，給自己貼標籤、怪罪自己、譴責自己，這些都會讓你更不快樂，更糟的是，還會讓你更覺得自己不夠好。

請對自己仁慈。你已盡力而為，也一直都是。當你放鬆時，你會把事情做對，而且做得更快。就像聖經裡的浪子，他拒絕接受父親的財富，在外流浪到身無分文才回家，歡喜的父親歸還他完整的繼承權，象徵上來說，你就是那個兒子。這美好的幻相世

 地球人生

界用精采眩目的幻影欺騙你，使你背棄自己的真實起源與命運。「失去神恩」的你犯錯、受傷，漸漸相信自己只是凡人。

別再這麼想了。你的父親，**真相**的象徵，正耐心等你歸來。你的愚蠢和缺失不會減損你，只會使你更豐富。你的離開不是錯誤，而是**勇敢**。你歸返恩典是必然的。即使在今天，在無知中半睡半醒的你所得到的疼愛仍一如往昔。當你決定要想起自己的真實身分、展現信念並勇敢活出真實自己的**那一刻**，屬於你的將全數恢復。

時間與空間裡最強大的改變動力

如果你現在還沒能理解，讓我再告訴你一件超酷，跟快樂是你的終點有關的事：

這一切意味，並因此推動快樂的各項必備條件進入你的生命。

也就是說，從今天開始，以快樂做你的指路明燈，你就不用什麼宇宙大小事都要管，都要掌控。成就、擁抱和其他等等，都會被你吸引。你只須以你的快樂去思考、說話和**行動**，那麼能讓你**那麼**快樂的必要條件就會自動出現。

對吧？合理吧？想像和感受喜悅，並且以喜悅為目標採取行動。喜悅能找到你並真正擁有你的唯一方式，就是你的地球人生火力全開。如果你破產了、失業了、生病了，感到寂寞、困惑、

不健康，你不會真心感到喜悅，對吧？

　　就像迴力棒，你的思想與感受離開你，穿越時空簾幕，重新聚集力量，然後以好友、旅伴、自信、靈感等各式各樣的形式，回到你的生命，使你再次感受到最初召喚它們的想法與感覺。因此，如果你最終結果是真實、欣喜和豐盛的快樂，除了徹底的生命蛻變之外，還有其他方式能實現這個結果嗎？

　　帶著豐盛的快樂朝豐盛的快樂移動，這不是要騙你去盲目感受。這不是要扭曲你的感知，讓你對現在所擁有的感到滿足，將就於不是你真正的渴望。這不是要把你遺棄在愛的聖壇前。這些無法為任何人帶來快樂。這也不是要訓練你去過清心寡欲的隱士生活。帶著快樂心情朝快樂前進反而會引導你找到你最棒的發現、最高的高度、最深刻的愛、最大的健康與最豐盛的寶藏，並向你揭示在你的實相最常被問到的秘密之一：**快樂**就是人生的最終結果。

 地球人生

隨想雜談

我們要如何發現並知道
自己的人生目標？

別人能追蹤我們嗎？

為什麼有些人似乎能
記得前世？

你曾相識是因為前世就
認識對方嗎？

我要怎樣才能知道得跟你一樣多？

你如何解釋改變人生或
結束生命的悲慘意外？

時空連續體「之後」
是什麼？

我叔叔自殺了。
他現在還好嗎？

我一定要問，
地球上有外星人嗎？

你的回答帶出更多問題，從外星人到天使到快樂……但第一個存在體，上帝，祂難道不會早就知道這一切將如何結束嗎？

「無限」不只是理論而已。它表示一切是無窮盡，也因此，一切都有無法得知／不可知的方式，包括每一次人世會如何展開。在**無限的**可能性裡，就連「上帝」也不知道接下來會發生什麼，不知道你的夢想將如何實現！然而，你可以確知一切都會順利進行，只要你的夢想有明智的定義、不受到特定細節、方式或人的妨礙，它就一定會成真。你可以確知每一個人都會「回歸」真相：你是安全、被愛和受到指引的。你也可以確知你從不曾「去過」任何地方。

我們就像是愚蠢版的神嗎？

你開啟了這樣的對話，而且是**在夢境裡**想通了這麼多事，這表示你一點也不愚蠢。

有些人記得前世是意外嗎？還是我們只要有心都能記起前世？

每個人都能開發回憶前世的能力，很多人都已辦到。但專注於今生才是每個人最重要的事。如果你一生下來就記得所有前世，一切會變得亂七八糟，尤其是現在的人類社會尚未成熟——

地球人生

認為自己的不愉快都是別人的錯，充滿受害者心態等等。你能想像因為前世被冤屈或來自前世的懷恨而提出訴訟嗎？「他在中世紀的宗教法庭砍了我的頭！」

至於現在，你不記得前世既是刻意也是非刻意的結果。

我經常被提醒，我在這裡是有目的的。如果我不知道自己的目的，或是我覺得我已經實現了那個目的，那該怎麼辦？我是不是在浪費時間？

如果你在呼吸，就表示你正在實現那個神聖、獨一無二，只有你能滿足的目的。你的眼睛看見其他人看不見的，耳朵聽見其他人無法聽見的，而你的觀點與感受永遠無法被複製。沒有你，是宇宙的損失。

這就是你最高的貢獻。身為「你」是一個別人無法取代的神聖角色。因此，如果你在這裡，你就是在實現你的目的了。你的「目的」跟你的專業或天職，或襪子顏色，或早餐吃什麼沒什麼關係。它跟你做或不做什麼，喜歡或討厭什麼，或改變一百次都無關。而是**只要你在這裡，你就是在實現那獨一無二的意義：身為一個過去從未出現過的存在。**

你不可能是「全部的戲碼」，或是唯一的戲碼。

如果你是別的想法，就會有這樣的不正確心態：「如果我**註定**要做某件事，那就表示我做的其他事都是**錯的**！我在這裡必定有個原因，我必須找出來。在找到之前，我做的一切都只是『不誠實』的浪費時間。」這個心態的壓力太大，而且沒有理由，因為它完全不正確。

所以，去做能讓你最開心的事，或至少你認為最後會讓你開心的事。跟隨你的心，如果你的心沒有引領你到任何地方，那麼此刻你的所在很可能就是能讓你學到最多的地方。

我一定要問，地球上有外星人嗎？

當然有啊！外星人不只生活在其他星球，也生活在地球上。

首先，有形宇宙如此輝煌，用有形的感官就能感受到，再想想創造宇宙需要多麼浩瀚的智慧，就知道區區幾十億人類**絕對不可能**就代表了宇宙裡所有有意識的共同創造者。**不可能**。就好像你在地中海的沙灘上發現一枚古羅馬硬幣，你不會因此就懷疑古羅馬人只鑄造了這麼一枚硬幣。或以為神性智慧創造宇宙的真正原因只是為了烤棉花糖。

地球人生

你在這裡就已是令人驚嘆的事，光是你的存在本身就意味著某個龐大的事正在發生，某個不可思議、難以置信的智慧、恩典和愛。你屬於祂，但相較下，你比祂驚人得微小，因此，你不可能是「全部的戲碼」或唯一的戲碼。

　　第二，每當人類問是否有外星人時，大都把外星人想像成有形的存在，體型外觀也跟人類差不多。外星人為什麼會長這個樣子呢？有一些是，但有些是生活在乙太層，是觸摸不到的無形狀態。有些外星人跟人類共享空間，只是人類的感官無法偵測。有些外星人是人類的肉眼可見，但他們改變了外觀以融入人類社會。

我們可以信任外星人嗎？

　　大多數的外星人，尤其是造訪地球的外星人，在科技方面已遠遠超越人類。科技是他們過去靈性覺醒的副產品。顯然地，如果外星人想傷害人類，他們早就這麼做了。但這不表示他們已經停止學習並不再犯錯。附帶一提，如果你有機會碰到外星人，你的行為一定還是會被自己的心和頭腦引導，而不是你在這本書或其他書裡讀到的資料。因此只有你知道怎麼做對你最好。

　　人類文明如果沒有先覺察到自己真實的靈性本質，並且明白每個人都是愛的存在體，具有神性及永恆的本質，就不可能發展出能與技術相符的驚人科學突破。目前為止，你們的科技愈先

進，地球的污染與混亂就愈嚴重。說到在銀河系間的移動，人類的發展還只是在非常初期的階段。人類被困在一個重複的循環，或說迴圈裡，無論是希臘人、羅馬人、埃及人或亞特蘭提斯人，人類的技術發展總是遠快過靈性發展，導致文明一再衰退和毀滅。

能夠在行星間移動的外星人似乎違背了我們所熟悉的物理定律，他們先發展為較為覺醒的存在體，融合他們對意識、科學與有形宇宙的知識，掌握了無法以其他方式得到的能量與定律。也因此，以他們的靈性和道德觀來說，他們**絕對不會**想要粗暴地掠奪地球、偷取你們的礦物或吃人類的肉。

目前大部分的外星人只派出偵查員，而且規定非常嚴格，就像你們造訪馬賽馬拉保護區（Maasai Mara）的保育人士一樣，他們「不干擾當地生物」。因為如果他們介入、施加規定，或指出人類的愚行，這會干預了你們的自由意志和靈性發展。

什麼是似曾相識？這種感覺是來自前世記憶與熟悉感嗎？

有時候是的。

或許曾在某個前世，你去過這些地方或遇過這些人，所以雖然這生你是初次造訪或和他們第一次見面，但感覺起來異常熟悉。也或許在夜裡的夢境或其他意識改變的狀態，你探索過自己即將遇到的這些人與地方，因而有這樣的熟悉感。

地球人生

思考這些難解的概念時，在多數情況下，**為什麼有似曾相識的感覺並不重要**。你今天的選擇才重要。人們常會為了確定自己的感覺而操之過急，做出錯誤和限制性的結論。「哇，這感覺如此強烈，一定是命中註定。」他們於是試著把能量放在引發這種感覺的關係或合作上，因為他們預期或認為「應當成功」。

　　沒有什麼是「命中註定」！沒有什麼是「應當要」成功的！是你決定。你要自己去嘗試新想法、友誼或探險。無論你是否前世就認識對方，或是這世才初次相見，都不會改變他們現在對你的潛在重要性。認為每個似曾相識的感覺都必定意義深刻，必須給予最高的重要性，這樣的想法可能會限制了你探索前方令人興奮的其他選項。

我們會受到其他人或大眾想法的限制嗎？

　　會，但程度微小，而且在你基於對情況的充分了解而選擇來到地球時，你就已同意受到這樣程度的影響。**但限制的程度絕對不會大到阻礙你今天對平靜、愛、豐盛、健康和喜悅的覺知。**

如果我們是靈性的永恆存在，那些自殺的人會如何？如果「什麼都無所謂」，人生只是幻相，而且彼岸有超酷的朋友在等待我們，那麼自殺也沒關係吧？

沒錯，你是永恆的存在。而且只要你願意，這生結束後，你可以再回來五十萬次也依然是**永恆的**存在。但請瞭解，你未來任何一世的每一刻，都無法複製存在於你這生探險歷程中的潛力、可能性、天賦、機會、進步、榮耀和快樂。當你再次回來地球時，你不會擁有你現在所擁有的。人生一直繼續，不間斷地進行；但此時此刻的你，面對大好機會與精選挑戰的你，**這個你**將永遠不會再現。

⟵————————⟶

沒錯，你是永恆的存在。

⟵————————⟶

　　你現在所愛的人，還有你可能仍然愛著的人，以及你愛他們的方式，來生都不會再跟今天相同。他們也會回來，但扮演不同的角色，在不同的偽裝下有著不同的樣貌。你今天擁有的永遠無法被複製。

　　無論你今生感受到多巨大的情緒痛苦，面對並超越痛苦後的喜悅遠比痛苦更強烈。秩序是存在的，只因為你看不見，並不表示它不存在。站起來，走出去，堅持下去。走進人群。全力以赴。

　　生命很珍貴，而你無可取代，你是重要的。而且，反正你終將一死。不論是十天後，還是一百年後。你原本就來日無多。既然終歸一死，既然你在幻相的存在本身反映的是一個更深刻和偉

地球人生

大的意志，那麼違背高我的選擇肯定不是明智的作法（除了極少數例外）。

此外，身為永恆的存在，你真的認為如果你立刻自殺，假設，少活三十年，除了讓你最愛的人和最愛你的人心碎外，你在永恆的計畫裡成就了什麼？難道你是為了報復？用自殺來報復，就如你們說的，是讓「親者痛、仇者快」。首先，你打算以此來傷害的人會很快就忘了這件事，他們會歸結是你自己「怪怪」的，如果他們夠仁慈這麼想的話。第二，自殺後，導致你終結生命的困惑與痛苦不但沒消失，還會再加上你對愛你的人所製造的情緒悲痛；也由於自殺的你無法觸及他們，你的困惑與痛苦只會有增無減。最後，你很快會知道你仍然必須解決那些使你困惑和痛苦的想法，而這麼做的最好方式，就是在一個全新的轉世再次面對，並克服那些想法所創造出的實相。

反之，如果你「咬牙」撐過去，首先，你會自然而然地從谷底反彈，回升到你不敢相信自己居然曾經想要自殺的程度；其次，你會告訴自己：「可惡，時間過得還**真快**，我已經九十四歲了嗎？太快了！這輩子過得真精采，有苦有樂。」

一千年前的世界人口還不到二十億，現在已有六十還是七十億，這些人或靈魂是從哪裡來的？

首先，為什麼所有人／靈魂必須同時都在地球？他們不能在

轉世之間選擇休息嗎？我們討論過除了地球之外，有意識的創造者**也**存在於不同的界域與次元。

再者，你不認為其他星球也有人類或至少有類人生物居住嗎？

第三，你聽說過平行宇宙存在的說法嗎？當地球上的人／靈魂數量較少的時候，有沒有可能有些靈魂並不是在地球？

如果我們是永恆的存在，為什麼會有嬰兒靈魂？

這取決於觀點。從幻相「之外」的世界來看，**嬰兒**之類的字眼並不成立。可是在幻相「之內」的世界，這些字眼對經驗來說是有用的「工具」。你現在已經知道時間是幻相，但你依然以線性的方式體驗生命，從嬰兒慢慢變成老人。同樣地，在幻相「之內」，仍將會有「第一次」和「最後」的生命。

我朋友安琪拉要我問你對愛情的看法。為什麼愛情這麼難？愛情到底有什麼意義？

請告訴安琪拉，她是基於現在的感覺來鑒定過去與未來。因此，雖然她現在覺得愛情很難，這很可能代表的是她目前的經歷。再者，由於思想會變成實物，這些使你不開心的「觀察」（創造）不該時時被掛在嘴上，否則它們很有可能一直持續。

地球人生

如果你不喜歡現在看到的情形或現在的感受，你可以用前面討論過的方式去改變它。透過改變，你將開始創造出不一樣的經驗。不要被拉進這樣的陷阱：「現在是這樣，明天也會這樣。」明天會如何跟今天並不怎麼有關。

此外，如前面提過的，如果你在感情、金錢或創造一個更充實人生方面有困擾，請把這些困難視為禮物。這意味你注意到了某些事，你內在某些東西需要被關注，但在這禮物出現前，你並未意識到。而如果不是你現在的感受，你不會知道自己會被激起這樣的情緒。

這不表示你必須留在令你不開心的關係或情況裡，但有時你之所以會被某個人吸引，正是為了要被激起這些情緒。請保持心胸開放，看看你能否利用這個經驗去辨識並消除那些限制性的信念，使自己成為更好、更偉大或更堅強的人。

無論有沒有伴侶，都要快樂。你的人生不是為了另一個人而存在。他們不能定義你。如果現在的你能發光，如果你可以採取行動、活得多采多姿，在工作和家庭發光發熱並追隨自己的熱情與興趣，每個人一定「都想接近你」。

經常有人問我，為什麼相信壞事比較容易？如何改變這種習慣？

這個問題是建立在錯誤的前提。它把相信壞事**確實**比較容易

視為理所當然。你們比自己以為的都更正面、更有創意、更樂觀許多。你每天都很努力，對吧？你出現在該出現的地方，對吧？你做準備，對吧？你思考，對吧？你想像，對吧？你嘗試，對吧？這些都表示你的內在有個永恆的樂觀者，而且你不得不承認，樂觀常佔上風。這是你的天性！正因如此，人類才會如此成功。

就跟上一題的答案一樣，當你被激怒並對自己失望時，你會覺得自己老是失敗，但你沒看見自己在那個時刻也同時存在著正確和強壯的一面。是的，如果你沒看見，如果你老是覺得自己很糟，甚至相信這個問題是真的，那麼你就讓你的能量低落到令自己感到無力的程度，這會使得懷疑的陰影像是吞噬了一切。

不要相信。

你可以有很慘的一天、一個月，或無論多長的時間，但這都無法定義你。這樣的日子很快會過去，它們只是人生路上的一小步，而非全部。請看看自己的過往。看看你已撐過的逆境，看看每次被擊倒又站起來的自己，那個迷失又找到方向的自己。如果你再度經歷黑暗期，那不是因為你很負面，不是因為你很糟糕。

太陽很快會升起，陰霾會突然消散如遙遠的記憶。你將會覺得奇怪：自己怎麼會因為那麼微不足道的事而感到那麼心煩意亂。

許多父母常問我，他們要怎麼幫助孩子理解這些概念。要怎麼

地球人生

做最好？我現在自己也有孩子，我很想知道你的答案。

以身作則。

你會提出這個問題，就表示你知道的已足以讓你做到你所知最好的作法。當然，跟他們對話很重要。告訴孩子，如果他們覺得沮喪或不開心，鼓勵他們振作，保持樂觀。指引他們看到事情的光明面。教導他們思想會變成實物。告訴他們，當心情不好時，他們應該試著了解原因，而不是無視或忽略自己的感受。讓他們生活在真相裡。給他們一些書。透過你的親身示範與指導，帶引他們領悟人生。

這世上有沒有掌控了全球政治與經濟的「菁英團體」？他們存在嗎？我們只能聽任他們擺佈嗎？

他們是否存在不重要，因為無論世上任何人在做任何事，無論哪些人正被操控，都改變不了這個事實：你是神聖和靈性的存在，你的餘生由你決定，沒有人能阻擋你獲得快樂、愛、友誼、創意、有成就感的工作，甚至金錢，無論是在哪一個國家。

從靈性的角度來說，你知道你出生在原始時代是自己的選擇。你知道人類很可能會嚴重污染世界，互相丟擲炸彈，許多人用化學物質跟劣等食物毒害自己的身體。你知道你選擇的舞台存在著這些可能性，而有一天，你會明白背後的原因。但是，除了

累積的群眾決定與政治影響外，個體還是有很多自由去選擇快樂地生活，你們不需要擔心極少數人的不良意圖。

至於經濟，你的財富跟你的思想、話語和行動比較有關，而不是跟其他人的體驗。如果你想擁有更多金錢，先想像你已經擁有，然後實際採取行動去獲取，無論你的行動看來多微不足道。

多管齊下。走出去，多方嘗試。而且不要忘了，你是被指引、被保護和被愛的。

對於出現在生命裡的人，我們要如何接受他們原本的樣子？怎麼做才能對他們少些批判？

不要認為自己的快樂多少是決定於別人的想法、言語和行為。

別人無法影響你，除非你允許他們。乍聽之下這似乎不合理，但千真萬確。如果你不知道別人無法影響你，那麼當你的配偶、雇主或好友沒有給你足夠的尊重或不肯為你加薪時，你會認為自己被辜負，因此你無法成為你註定成為的你，但這不是事實，而且這種想法會完全剝奪你的力量。

首先，出現在你生命裡的每個人都是透過你的思想、信念與期望吸引而來。第二，他們出現後，他們對待你的方式就深深被你影響。第三，除了少數特定的例外，無論他們如何表現，你都可以選擇從中學習與成長，並且最終不被他們影響你的快樂。

當你的快樂不再需要他人的允許，也不需要某人的特定行為

地球人生

才能得到時，那麼你不只自由了，你也不會再評斷他們。

我們的星球是否人口過剩？

　　從有形和供需的角度來說，地球還能再容納數十、數百億人。永續性才是最大的挑戰。主要的問題不是地球能容納多少人，而是你們能否就教育、社會和責任而言照顧彼此，不把彼此當成統計數字、顧客與業績。

　　我們可以想像一個理想的小型聚落，譬如在過去的年代，村民彼此熟識、互相關心。有些村民耕種，有些村民製衣，有的是老師、律師、銀行家、會計師等等，想像各行各業都達到完美平衡。在這樣的村子，如果有個鄰居生了重病，其他人一定會來探病、送上食物或甚至幫忙付醫藥費，直到他康復。如果鄰居的孩子蹺課並且惹上麻煩，每個人都會想幫助這個孩子做出更好的選擇，也會跟他的父母、老師和孩子聊一聊。這樣的社群關係緊密，充滿信任、愛、關懷與支持，對吧？當然，關心、責任與權利仍有界線，每個人的隱私也會被尊重。與此同時，大家都有「一損俱損」的共識，同樣的，他們也覺得「只要有一個人成功、愛與被愛、並且過得幸福快樂，那麼我們全體都是贏家。」

　　這樣的群體能夠處理任何適當的人口成長或衰退，但如果人口改變太過劇烈，導致群體成員來不及適應，忽然之間，每個陌生人對你都會是不具個體性的「鄰居」，而他們可能把音樂放得

太大聲，還讓他的狗在你家草地上「方便」。慢慢地，但可以確定的是，這個社會成員開始不尊重彼此，開始產生磨擦和「你是你、我是我」的心態。遺憾的是，我們目前居住的世界就是這個樣子。還好，你們有足夠的力量看到並修正這個現象，因為真正重要的不是人口數字，而是你們視彼此為兄弟姊妹的程度。

我有一個女兒，我很不喜歡自己老是對意外提心吊膽。你如何解釋改變人生或終結生命的意外災難？我如何才能避免？

任何災難，尤其是年輕生命遇到的災難，總是**看似**隨機、混亂或是意外。

但此刻你在學習的部份內容，就是不要那麼依賴感官去詮釋實相，不要把時間與空間當成一切的起點。**你的思想與渴望才是起點**，就如你女兒的誕生，是你先有想法才變成實相；如我們一直在說的，你的想法和渴望會重新安排你人生舞台的道具，再搭配他人的想法與相關物理定律的精心設計，然後事件會等待適當的出場時機。它們出場的時機總是被稱為（看起來也像是）意外、巧合、緣份、僥倖、上帝的旨意等等。

就如你的感覺，你的女兒不會成為意外的統計數字，你也不需擔心自己日常的謹慎會招致災禍。這就好像繫上安全帶並不會為你引來車禍。跟表象看來相反的是，無論是大人或小孩遇到看似隨機的災難或改變人生的意外，都絕不僅是因為某人忘了關

地球人生

火、忘了關上通往泳池的紗門，或忘了蓋住插座而發生。

然而在物質與精神上照顧和保護自己所珍愛的一切，是每個人的責任（這或許就是本書一直在討論的主旨）。這包括持續創造一個安全的環境，當然關火、關紗門、蓋住插座也在其中。出於關愛的意圖，加上謹慎的一步步行事，將有助減少（不是保證減少）類似事件。無論如何，其他相關人的愛和意圖也會產生影響，包括嬰兒和幼童。這裡說的不是他們有意識的思想，因為他們或許還沒發展出那樣的心智能力。這裡說的是他們的高我所選擇的課題與探險。

你的意思是他們在出生前就已知道生命的結局，或知道自己將會「早夭」，卻還是選擇這樣的人生？

每一個人生都是由**無盡的可能性**組成，這些可能性奠基於出生在什麼家庭、出生的時間、社會與政治形勢、個體的興趣和好奇心、父母的興趣等等。沒有什麼事是註定好的，而是有很多事很可能發生。因此，你很可能清楚知道吸引自己的人生會出現哪些可能性（包括提早離世）。然而，任何一段生命一旦開始，機率就會轉變和演化，不一定會保留最早的某些可能性。無論這段人生起點是如何，最終，離世的決定只會出現在需要選擇的時候，絕不會提早出現。話說回來，是的，靈魂是有可能選擇一個將以某個方式「提早」結束的生命，甚至他們會偏好這樣的情形。

你說一個孩子只活了短短幾年，可能是為了示範或協助療癒，那另一面呢？施暴的人又是為了什麼？他們是帶著施暴的計畫來地球的嗎？他們在「另一邊」是否依然被視為「受害者」？

就像在地球一樣，每個人會如何被對待是依據他們的思想與期望，所以因人而異。此外，審判與刑罰也不存在，跟你被教導的不同。

每個人都是好意。每個人都屬於神。只是當非常困惑或恐懼時（譬如，認為要完成某事就必須責罵別人，要不然就會是自己被責罵），這類誤解會產生某些醜惡的行為。因此，沒有人會選擇一個侵害他人的人生，但由於他們困惑的程度，這個可能性在他們年紀很小時或許就已存在。

← →

只要你在這裡，活著，為了探險的樂趣出現並參與，
宇宙會知道你想要什麼，「心願將會實現」。

← →

靈魂世界也對殺人犯張開雙臂，他們同樣被愛被理解，而且當他們一到達靈魂世界，就會開始復原的過程（依照他們可接受的程度）。通常會先透過人生回顧讓他們看到自己當時可以選擇怎樣的生活，並讓他們**感受**到被他們傷害的人和倖存者的痛，還

地球人生

有他們的行為對世世代代的影響。

人類活在一個巨大的幻境泡泡裡，每一個人其實都是彼此最好的朋友。每一個人都支持彼此。你們都在盡己所能，雖然偶爾會誤入歧途。

我習慣為自己設定目標。但這樣做會不會成為我的阻礙，或「註定無用的方法」？

只要你在這裡，活著，為了探險的樂趣出現並參與，宇宙會知道你想要什麼，「心願將會實現」。如果你每天積極過你的生活，行為舉止以心為依歸，你終將，也一直會獲得足夠的財富、健康、朋友、自信、創意等等，使你活出你想要的至福人生。

設定目標要視情況而定，不必覺得非設定不可。如果訂定目標可以激勵並帶給你力量，那就設定目標；如果帶來的是壓力與限制，那就不要設定。

我們的夢想應該是要明確而詳細，還是有個大方向就好？

做夢，行動，然後「砰」地實現。就是這麼回事。無論是非常詳細或大略都不是那麼重要，但錯誤的顯化有個「百慕達三角洲」，它涉及跟執著與堅持細節有關的危險，這是你該知道的：

一、執著於無關緊要的細節

二、跟「註定無用的方法」牽扯不清

三、堅持某些人一定要有特定的行為

　　如果你想要的結果很籠統一般，你就可以自動避開上述問題。但要特別注意的是，籠統的結果通常不會令你感到興奮。要跳過這道障礙，請想像在你的籠統夢想實現後的細節，但也要預留驚喜的空間，亦即不要太堅持細節，這樣才不會有執著、限制與壓力。事實上，你追求的不是細節，你之所以想像細節，是為了保持興奮的情緒去期待即將起飛的人生。

人死後會變成天使嗎？

　　不是你說的那種天使。你指的是另外一種存在，祂們是像你一樣的神粒子，做的是天使的工作。然而，死亡後會如何並沒有單一模式可循。有些人會立刻到其他界域展開新的探險，有些人會繼續在地球層面逗留好幾個世紀，成了鬼故事的素材。

　　此外，在你死後，你也能同時出現在好幾個地方，這不是現在的你能夠或要了解的。

我生活在如此悲傷的世界，有什麼資格擁有幸福快樂？我憑什麼擁有這麼多？我從未要求這些。

地球人生

這不是個悲傷的世界。它離悲傷很遙遠。不久前有個調查，百分之九九・九九的人會選擇維持他們現在的人生。每一個人，從最富有到最貧窮，都能列出喜歡自己人生的一千個理由，以及他們為什麼熱愛生命。而且每一個人列出的理由都會一樣好。

　　你的好「運」，不是專屬於你的權利或資格。每個人創造他們自己的實相，每個人都有一樣的力量，每個人都一樣被愛，也都有他們自己的原因。只是你以為並評斷他們是可憐的創造者，創造出糟糕的實相，他們不是的。

　　你也許沒有要求這樣的人生，但它是你創造出來的。如果別人沒有創造出跟你現在正享受的相同人生，或許是因為這樣的人生他們早就活過一百次了，而這次他們選擇透過新的經驗學習，或許在這次的新經驗裡，擁有多少「東西」一點也不重要。對**你**來說，依你的標準，這樣的人生經驗你並不喜歡，但他們卻甘之如飴。

　　時空叢林裡的人生探險令你大呼驚奇。儘管偶爾會是醜陋、痛苦、卑鄙、令人失望，卻依然不減震撼。對每個人來說，都是如此。無論如何，在每一世人生，令人感到快樂的事總是遠遠超過那些令人悲傷的事。

可以給我一些具體的理由或例子，說明為什麼會有人選擇貧困、病痛與飢饉的生活嗎？

前面討論的理由不夠多？沒問題。但你有沒有意識到，你的問題暗示了你認為他們的人生只有貧困、病痛與飢餓？不對。他們難道沒有父母、兄弟姊妹、朋友、愛、嗜好、工作、成就與夢想？他們難道不會欣賞必定會出現的日出日落？他們難道不會喜歡蝴蝶跟彩虹、巧克力和杯子蛋糕、小嬰兒與唱歌跳舞？還有鹹鹹的海水、溫暖的沙灘、毛茸茸的寵物、霧濛濛的早晨、飄墜的白雪、沙漠的夕陽、潺潺的河流和美味的食物？

但這個對話是與你有關，還記得吧？停止往「外在世界」尋找跟「內在世界」有關的答案了。解決**你的**問題，找到**你的**快樂，比起你如果一直努力解決別人的問題並為他們尋找他們的快樂，這個世界將更欣欣向榮。

好吧，那我該怎麼做才能立刻更享受人生？

接受今天的自己。活在當下。勇敢做夢，但也好好把握此時此刻的人生。當有了這樣的轉變，「活得要有成就」曾帶給你的壓力將會消失，你內心自然會想要好好善用餘生的每一天，因為「**棒呆了，人生真美好，不是嗎？**」

接受並不等於將就。不要擔心如果要享受當下，你就必須降低願望的標準、扼殺熱情或否定自己創造改變的能力。這樣的矛盾並不存在。接受現況與充滿野心的雄心壯志之間並不互斥。事實上，透過接受，你停止抗拒現況，你因此為嶄新、意料外的好

地球人生

事，鋪設了康莊大道。畢竟神聖的你，本來就具有成功傾向。

這在人際關係也是一樣。人際關係提供我們最豐富的學習、成長，以及使探險更上層樓的機會。但多數人並不知道自己花費了太多精力，試圖去改變在他們生命裡的人。他們害怕如果接受伴侶的一切（缺點和其它種種），他們便是在將就。然而，你愈是快樂，即使快樂的原因是你不計較伴侶或你自己的問題，情況就會愈快好轉。

這並不是說你不能同時也努力去改善情況，甚至做出重大改變，而是無論你怎麼做，都不該在已經美好的生活中延遲你的快樂。

有沒有什麼訣竅能使我對現況感到滿足，不用提心吊膽？

事實上……兩個建議。

首先，你應該已經猜到，人類是尋求改變的動物。不停地、無止盡地、一直在改變。對吧？

每一個被期待的改變底下都存在渴望，這些渴望源自互斥（也就是無法同時存在）的正和反面／優點與缺點。譬如，因一夕致富而清償了債務。找到超棒的旅伴，所以不再孤單。你之所以想改變是因為你不喜歡現況（弊），要不就是對未來你有想要的東西（利）。每個不喜歡都會對應一個喜歡。每一個喜歡也都有相對應的不喜歡。

你想在人生中改變的地方，一定存在著這些，對吧？好。那你專注在哪一個？是喜歡的，還是不喜歡的？

這會反映在你的行為上。

由於你的思想會變成實相，**再加上**你的成功傾向，因此思考改變的**好處**不但比較有趣，也會加速改變的到來，因為這與你的神性本質和你開心生活的目的相符。

第二，你還記得小時候只要看到鞦韆、呼拉圈或一匹小馬，就能使你心跳加速、想像力奔馳嗎？你甚至不用思考，就能明確感受到世界繞著你旋轉，你是有史以來最特別的小孩，而且生命最重要的事就是玩得開心？（事實上，我依然對你在如此年幼就覺察到這麼多感到驚嘆。）重點是，請讓自己重拾這樣的心情！你跟我並無分別，你就是我，只是你選擇做你。如果所有一切跟其他人都是我們想像出來的呢？是的，相信我，這句話貼近事實的程度，超乎你現在所能理解。

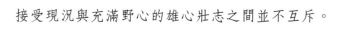

接受現況與充滿野心的雄心壯志之間並不互斥。

尊重自己，珍惜自己，做自己。然後，你將會活在當下，你將從比較與批判中解脫，從他人與自己的評斷解脫。你窺探現實的潛望鏡忽然間把你不偏不倚地放在你自己人生的中心，你將會

地球人生

感覺**足夠**，甚至超越足夠；一切都已足夠。而其他的都非必須、都很遙遠、都是假設。

　　小時候的你，曾經渴望明天可以吃**糖果**嗎？但什麼是明天？此時此刻的樂趣才是最重要的。不是嗎？當你把新焦點放在自己身上，在愛裡的你，你內在的自我批評會因為當下的莊嚴而噤聲。往它處尋找的意義何在？當你專注於當下，你所有的輕重緩急將會改變。你會發現什麼才是真正重要的。你會陶醉於奇蹟，驚嘆創造的不可思議。你會覺得輕鬆許多。人生似乎比較容易了。悔恨消逝，時程表消失，而你的天真爛漫回來了。

　　在充滿愛的當下，你會發現：

- **最單純的事，可能就是最神奇的事**。如果你只剩下七天的生命，你想不想至少再看一次日落？剩下的七次你大概都想看。每一次的日落都會令你敬畏。其實類似的珍貴無所不在：一杯咖啡、一杯茶、寒夜的暖被窩、夏夜的涼被窩、牽手、海邊帶著鹽味的空氣……如果任何人或每個人知道自己「來日無多」，這些會是**多麼美好**？當你活在當下，生命中的**一切**就可以如此美好，有意義。
- **生命中有比成就更重要的事**。人生提供了許多冒險與學習的機會，但如果過於看重成就，你很可能會專心在某個未知、虛無的未來，而不再專注於當下的美好。
- **友誼和新主意、計畫會自然出現**。活在當下會自動切斷一

些錯誤的動機，像是「我應該認識哪些人？應該去哪裡建立人脈？誰是決策者？」你會自然而然被跟你頻率相同，還有那些享受生命的人吸引。如果能在餘生有更多的跑跳、擁抱與歡笑，誰會不想呢？突然間，就像你不用思考就在呼吸的空氣一樣，友誼、聯盟、顧客、戀人與事業夥伴，都因為你的喜悅而來。實際上來說，適度為未來規劃和建立人脈有其必要，但你現在就該真心重視，而不是為了日後可能的回報。

- **你因為挑戰而開始興奮。** 接著，最有趣的是，當你開始在每一刻散發光芒、熱愛生命的美好，你會注意到各種改變自己、造訪從未去過的地方，以及擁有從未有過的事物的機會。你看見別人勇敢冒險並獲得回報。冒險賭上一切並大有嶄獲。面對羞辱卻變得更勇敢。於是你思考……你等待……你想著：「如果…會怎樣…」，你採取了行動，卻遇到從未預想到的「獅子、老虎和大熊」。然而，只要你感受到你的自由並記得你的神性，你必然將獲得勝利，並會對沿途出現的挑戰心懷感恩，因為正是這些挑戰與道路（不是夢想與未來）讓你看見自己有多棒。

我可以同意你的說法，但也保留我舊有的世界觀嗎？

　　看似安全的一知半解，最容易剝奪你的自信和創造重大改變

地球人生

的能力，尤其是黑白分明的絕對真相明明就在你眼前。如果你認為你的力量仍有什麼秘密，或是有個未知的宇宙力量能夠動搖或操控你人生的情境，你很快會變得沒有效益。唯有你和你的想法是真實的。明白這點，**了解你自己**，然後活出精采人生。如果你仍心存懷疑，你就會被看似不在你掌控的世界擺弄。

你並不需要無所不知，無論是關於宇宙或關於自己。但為了要發揮你的力量，你必須知道基本事項，知道簡單的形上學運作和大方向。但要這麼做的最大阻礙就是來自生活在時空叢林的固有挑戰，因為你以為：

一、你只是地球上的一個凡人，是一個憤怒的上帝的
　　附加想法或實驗品。
二、人生是發生在你身上的事，而不是因你而「發生」。
三、如果要創造改變，你必須做出回應而不是重新想
　　像。

這些早期誤解所產生的錯誤認知，使人類愈來愈相信自己是受害者，於是帶來更多只會強化這些最初誤解的顯化。

要打破這個循環並發掘出簡單、能賦予你力量並推動你前進的真相，請帶著開放的心提出你必須問的問題，並接受揭示生命之美與你的力量的答案，這答案將通用於每一個人，並且不離棄任何人。

在地球人生之外還有什麼？超越輪迴之後呢？在時空之外有些什麼？

就大部份而言，我不知道。基於我的感知，我只知道這麼多。但是，我們雖然知道得非常、非常少，但所知的依舊足以為我們帶來平靜、澄明和吸引的效應。我們每個人都能透過這些許覺知，推斷並感覺到即將到來的美好和能夠發揮的力量，而且不會有任何人被丟下被離棄。你跟我也能推斷出在那些超越地球、無法想像的國度裡：

- 我們將選擇我們要前往的方向
- 那會是場探險，而且我們會從中獲得樂趣
- 我們將會學習，也將面臨挑戰
- 我們將帶著成功的傾向蓬勃發展
- 我們的存在將奠基於對喜悅的追求，而且，
- 我們將「活在愛裡」。

親愛的，一路愉快！

  地球人生

結語

来到這本手札的尾聲，有件事，我一開始沒有說：書中所記，橫跨三十五年。許多內容是將近三十五年前寫的。事實上，由於我後來投入相關工作並吸收大量資訊，我已不再寫手札了。

當然我還是會有問題，這些問題也繼續得到解答。無論我是在使用 Word 檔、寫電子郵件或商業信件時，只要我開始疑惑（幾乎任何想到的事），總是會有答案出現。就好像人間的麥克與高我麥克，兩個心智融合在一起攜手合作，猶如一體。我唯一的抱怨，或可說是機會（沒錯！），就是這樣的合作還不夠「自動」，我通常必須等待一會兒。很小的代價。不過，你真的應該「在家嘗試」。請務必試試，說不定你做起來比我還更容易。這本書的後面有幾張供練習用的空白頁。

親愛的探險家同伴，你一馬當先地展開這場神性智慧所創造出的最精采冒險——在時空幻相裡的地球人生。你住在實相創造的最前線，屬於神、源於神、為了神，只是目前選擇對此視而不見。

我們的文明，就像週日上午在賴床的青少年，面對要選擇清醒或繼續假睡。如果我們選擇賴床，就無法參與今天發生的

事，而且我們每拖延一小時，就必須更加努力才能追上，因為在我們「睡覺」的時候，狗沒人遛、弟弟妹妹沒人餵，也沒人準備下午親友要來參加的烤肉會：你已答應爸媽你會搞定烤肉，因為他們出了遠門。但沒有關係！別緊張。你有超自然的力量，你有能力重整旗鼓，找到平衡與和解，像最優秀的人一樣，做得比預期更好。此外，你的賴床只是夢境裡的夢境裡的夢境，就像此刻你正在閱讀的文字一樣。

現在依然是早上，一天才剛開始。你可以選擇洗個熱水澡，煮杯咖啡，享受寧靜的片刻，而且仍是全家最早起床的人。你也許可以溫柔地喚醒其他人，因為你最早清醒，而且你已掌握生命的真相。你也許可以走進他們的房間，在他們耳邊輕聲地告訴他們，他們現在的思想、話語和行動，就是未來擁有夢想生活的關鍵。告訴他們，他們的過去與未來的方向並無關聯：他們能夠決定未來。這是他們選擇成為現在的自己的真正原因，是神選擇成為現在的自己的真正原因。

你愈來愈清楚了。了解真相，你就能自由。你了解你的靈性傳承。了解自己生來就有成功的傾向。了解不會有人審判你。了解你充滿了力量，擁有超級英雄般的能力。

你相信嗎？你相信和感受到這本書裡寫的真相嗎？這些字句訴說了生命的美好、你的力量，以及沒有一個人會被離棄，不是嗎？你是否在書裡看見了邏輯與心靈？探險與樂趣？其實沒有任何威脅危險？而且你有否定你不同意的想法並選擇其他

  地球人生

想法的自由？

　　愛你所選。你是安全的。你是被愛的。你的地球人生正帶著無暇的恩典向前開展。

推薦閱讀

$\longleftrightarrow$

　　由於你渴望「知道」並來到了這世上，你因緣際會地發現了這本書。我也跟你一樣，過去三十年來，我對能夠滿足好奇心與增進生活的書特別有興趣，這些書也都與《地球人生》觀念相符：

- 《個人實相的本質》(*The Nature of Personal Reality: Specific, Practical Techniques for Solving Everyday Problems and Enriching the Life You Know*)／作者：珍‧羅伯茲（Jane Roberts）
  一如羅伯茲的其他賽斯書籍，《個人實相的本質》是一本有深度、客觀、甚至有點複雜的書，但我認為賽斯資料無論是內容或是做為傳遞真相的媒介，都可說是通靈書籍的「祖父」。

- 《發現你的內在力量》(*A Guide to the Unexplored Depths Within*)／作者：艾瑞克‧巴特沃斯（Eric Butterworth）
  內容清楚明確，極具啟發性。大量參考聖經與基督宗教，而且以忠於原意的方式詮釋，沒有以個人宗教觀加油添醋。

地球人生

- 《流浪者之歌》（*Siddhartha*）／作者：赫曼‧赫塞（Hermann Hesse）
  世界知名的雋永故事，充滿深刻智慧。

- 《失落的幸福經典》（*The Game of Life and How to Play It*）／作者：佛羅倫絲‧辛（Florence Scovel Shinn）
  簡單有力的建議，寫於一九二〇年代。適合任何年齡。

- 《遠東大師們的生平與學說》（*Life and Teaching of the Masters of the Far East*）（全六冊）／作者：拜爾德‧斯波汀（Baird T. Spalding）
  動人心弦！第一冊與第二冊不但驚險刺激，更是鼓舞人心。

- 《夢幻飛行》（*Illusions: The Adventures of a Reluctant Messiah*）與《天地一沙鷗》（*Jonathan Livingston Seagull*）／作者：李察‧巴哈（Richard Bach）
  令人振奮、充滿樂趣、文筆流暢。這兩本可能已在每個人的閱讀清單了。的確值得一看！

- 《死後的世界》（*Life After Life: The Investigation of a Phenomenon—Survival of Bodily Death*）／作者：雷蒙‧穆迪（Raymond A. Moody, Jr., M.D.）
  序言作者：伊莉莎白‧庫伯‧勒羅斯（Elisabeth Kübler-

Ross, M.D.）

討論生命輪迴與瀕死經驗的經典之作。

- 《與神對話》（*Conversations with God: An Uncommon Dialogue*）／作者：尼爾·唐納·沃許（Neale Donald Walsch）
本系列的每一冊都為心智帶來衝擊。容易閱讀且有趣。

- 《宇宙逍遙遊》（*Emmanuel's Book: A Manual for Living Comfortably in the Cosmos*）／作者：佩特·羅德蓋斯特（Pat Rodegast）與茱蒂·史達頓（Judith Stanton）
伊曼紐系列的每本書都提供溫柔卻有力的話語，提醒我們都如天使般純真良善。很棒的書。

- 《白寶書》（*Ramtha: The White Book*）／作者：傑西奈（Ramtha）
親切、有力量、啟發人心。好讀。

- 《先知》（*The Prophet*）／作者：卡里·紀伯倫（Kahlil Gibran）
關於生命基本真相的洞見。歷久彌新的全球暢銷書。

- 《創造生命的奇蹟》（*You Can Heal Your Life*）／作者：露易絲·賀（Louise Hay）
作者顯然也是「生命探險家」，文筆清晰，並且深知**傷害我**

  地球人生

們的是我們自己的創造，因此我們也有能力自我療癒。本書後半收錄了值得參考的常見病痛與可能原因。

- 《失落的致富經典》（*The Science of Getting Rich*）／作者：華勒思・華特斯（Wallace D. Wattles）
  如果你認為自己喜歡財富，那你一定會喜歡這本書。很獨特且振奮人心的觀點。

- 《來自大天使麥可的訊息》（*Messages from Michael*）／作者：雀兒喜・昆恩・亞布羅（Chelsea Quinn Yarbro）
  非常「瘋狂」，迴響著真相並有我未曾想過或聽過的全新資料。這本書幫助我不那麼批判，對自己更有耐心。

- 《阿特拉斯聳聳肩》（*Atlas Shrugged*）與《源泉》（*The Fountainhead*）／作者：艾茵・蘭德（Ayn Rand）
  雖然艾茵・蘭德是無神論者，我認為她的書極富靈性。她自認自己是個「崇拜人」的人，她陶醉在生命的光輝和人類掌握生命要素的能力。她史詩般的小說引人入勝、富浪漫色彩又深具哲學性，是位才華過人的作家。

- 《秘密》（*The Secret*）（包括DVD與書）／作者：朗達・拜恩（Rhonda Byrne）
  以吸引力法則為主題的書和很棒的紀錄片，鼓舞並啟迪人心。我深感榮幸能成為片中介紹的導師之一。

我的問題 & 來自高我的答案

地球人生

我的問題＆來自高我的答案

我的問題＆來自高我的答案

地球人生

我的問題＆來自高我的答案

我的問題＆來自高我的答案

地球人生

宇宙花園　先驅意識 11

地球人生——了解我們是誰，怎麼會來到地球，可能面對怎樣的未來
Life on Earth—Understanding who we are, how we got here, and what may lie ahead

作者：麥克・杜利 (Mike Dooley)

譯者：駱香潔 張志華

出版：宇宙花園

通訊地址：北市安和路 1 段 11 號 4 樓

e-mail：gardener@cosmicgarden.com.tw

編輯：宇宙花園　版型：黃雅藍

封面概念：Charles McStravick

內頁插圖／設計：Riann Bender

印刷：金東印刷事業有限公司

總經銷：聯合發行股份有限公司　電話：(02)2917-8022

初版：2018 年 11 月

定價：NT$ 420 元 (精裝)

ISBN：978-986-91965-9-8

國家圖書館出版品預行編目資料

地球人生：了解我們是誰，怎麼會來到地球，可能面對怎樣的未
來／麥克・杜利 (Mike Dooley) 作；駱香潔，張志華 譯 . -- 初版 .
-- 臺北市：宇宙花園，2018.11 面；　公分 . --（先驅意識；11）
譯自：Life on Earth：Understanding who we are, how we got here,
　　　and what may lie ahead
ISBN 978-986-91965-9-8（精裝）

1. 意識　2. 成功法

176.9　　　　　　　　　　　　　　　　　　　　　107020650

宇宙花園

新時代
先驅靈媒
系列

蘇菲亞·布朗 & 詹姆斯·范普拉

天堂之旅（蘇菲亞·布朗、琳賽·哈理遜）／未竟之事／靈魂的冒險
走出哀傷（詹姆斯·范普拉）／快樂靈媒（金·羅素）

宇宙花園

靈魂與光
系列

茱莉亞·侃南 & 詹姆斯·范普拉
朵琳·芙秋 & 莎莉·麥克琳

靈魂系列：靈魂在說話（茱莉亞·侃南）／靈魂的冒險（詹姆斯·范普拉）／靛藍成人的地球手冊（卡比爾·賈菲）
光系列：靈療·奇蹟·光行者（朵琳·芙秋）／聖雅各之路（莎莉·麥克琳）

宇宙花園

天使療癒和回溯 與外星
系列

天使療癒和回溯系列：量子天使療法（依娃─瑪利亞・摩拉）╱解構前世密碼（珊卓・安・泰勒）
超越線性時空的回溯療法（米拉・凱利）

外星系列：被遺忘的約定（雪莉・懷爾德）╱遇見外星人（阿迪・六殺手・克拉克）